幼稚園・保育所実習

実習に行くまえに知っておきたい

保育実技

児童文化財の魅力とその活用・展開

久富陽子●編

久富陽子・天野恵子・中島由起子・但木英美・来間聖子　共著

萌文書林 *houbunshorin*

まえがき

　10数年前、はじめて児童文化の授業を持ったときから「保育を学んでいる学生にとっての児童文化の授業はどうあるべきか」ということを考えてきました。それは、私自身、大学で児童文化の授業を受け、その授業で学んだことは多かったものの、それが就職した幼稚園という保育現場では直接に関わりあうものが少なかったという経験があったからです。

　保育現場に就職する学生にふさわしい児童文化の授業をしたいと考え、「児童文化」と名のつくテキストを手当たり次第検討してみたのですが、どれもしっくりきませんでした。手にした多くのテキストには児童文化の理論や歴史、数々の児童文化財の紹介は書かれていましたが、子どもとの生活である保育の中でそれらがどのように生かせるのかということについてはほとんど解説されていなかったのです。また一方、保育現場に即した児童文化というと、誰もが児童文化財を使った保育実技を連想されるのではないかと思いますが、保育実技に関する本は、そのやり方や楽しませ方だけに言及したものが多く、児童文化財の魅力や意義を丁寧に扱ったものはありませんでした。

　児童文化財を使って子どもを楽しませる方法を保育者が身につけることは、保育現場ではすぐに役に立つのかもしれませんが、ことによると、そうした保育実技は子どもを静かにさせておく手段や保育時間を埋めるための活動になりかねないのです。それは、私自身が何も得意な保育実技を持たないままに幼稚園に就職し、1年間かけて先輩の保育実技を真似ることで、2年目には一人前の保育者になったような気さえしながら、逆にその保育実技に頼ることで保育者主導型の保育に傾いてしまったという苦い経験があったからです。私は、自分自身のそうした経験から、どのような保育実技も子どもの主体的な生活を豊かにしなければその意味をなさないということを学びました。そして、このことは、これから現場に出て行く学生たちに、是非伝えていきたいと強く思いつづけてきました。

　このような思いを抱き、試行錯誤しながら児童文化の授業を行っていたところ、

まえがき

　萌文書林の編集部から"児童文化財の魅力や意義を伝えながら、保育実技の方法をもわかりやすく伝えていくことのできるような実習生向けの図書をつくりたい"という本書の企画をいただきました。このような大切な仕事を担えるだけの力が私にあるのだろうかと悩んだことも事実ですが、それは長い間必要であると考えていた図書の企画であっただけに非常にうれしいものでした。

　編集の過程においては、実習生が児童文化財の魅力を知ることで自分からそうした保育実技を身につけたいと思えるような図書にすること、さらにはそれらの児童文化財を子どもの主体的な生活である保育の中にきちんと位置づけることができるような図書にすることを心がけたつもりです。私の不勉強なところや力の及ばない部分は、児童文化財についての理解と保育現場での経験豊富な先生方に助けていただきました。先生方の現場に即した児童文化財を使った保育実技の中には、私が見落としてしまいそうであった保育者と子どもとの関わりや子どもの反応など、学べることがたくさんありました。そうした事柄もできる限り割愛せず、また、学生にわかりやすいように具体的に記したつもりです。まだ不十分な個所があるかとは思いますが、そうした点はお読みいただいた皆様に率直なご意見を頂ければ幸いと思っております。

　最後になりましたが、今回このような大切な仕事をする機会を与えてくださり、編集の過程で適切な御助言をしてくださいました萌文書林の服部雅生氏に心より感謝いたします。また、田中直子氏には紙面の素敵なデザインとアイデアをいただきました。心よりお礼申し上げます。

　2002年4月

久富　陽子

もくじ

実習における保育実技の意味と位置づけ ....（久富） 7
 1．実習へ行くことの意義／7 2．保育実技はなぜ必要なのでしょうか？／8 3．本当の保育実技とは？／8 4．実習生にとっての保育実技／9 5．児童文化財を活用した保育実技／9 6．児童文化という言葉が生まれた背景／9 7．児童文化・児童文化財の主体者としての子ども／10 8．現代の子どもと児童文化財／10 9．本書の特徴と活用の仕方／11

お 話 （天野）

お話の魅力 13
お話を行うときに 14
3歳児と楽しむお話 19
 選ぶときのポイントと作品紹介／19 話し方のポイント／20
 【実践例】 3匹のやぎのがらがらどん／21
4歳児と楽しむお話 23
 選ぶときのポイントと作品紹介／23 話し方のポイント／24 【実践例】 狼と7匹の子やぎ／25
5歳児と楽しむお話 29
 選ぶときのポイントと作品紹介／29 話し方のポイント／30 【実践例】 7羽のからす／31
 その他、知っておきたいこと！！／34 さらに、学びたい人へ！！／36

絵 本 （中島）

絵本の魅力 37
絵本の読み聞かせを行うときに 38
3歳児と楽しむ絵本 43
 選ぶときのポイントと作品紹介／43 読み聞かせ方のポイント／45
4歳児と楽しむ絵本 46
 選ぶときのポイントと作品紹介／46 読み聞かせ方のポイント／49
5歳児と楽しむ絵本 50
 選ぶときのポイントと作品紹介／50 読み聞かせ方のポイント／52
 その他、知っておきたいこと！！／52 さらに、学びたい人へ！！／54

4　もくじ

紙芝居 　　　　　　　　　　　　　　　　　　　　　　　　　　　　（但木）

- 紙芝居の魅力 ……………………………………………………………………………… 55
- 紙芝居を行うときに ……………………………………………………………………… 56
- 3歳児と楽しむ紙芝居 …………………………………………………………………… 60
  - 選ぶときのポイントと作品紹介 /60　演じ方のポイント /61　【実践例】3匹のこぶた /62
- 4歳児と楽しむ紙芝居 …………………………………………………………………… 66
  - 選ぶときのポイントと作品紹介 /66　演じ方のポイント /67
  - 【実践例】あわてんぼうのウサギ /68
- 5歳児と楽しむ紙芝居 …………………………………………………………………… 72
  - 選ぶときのポイントと作品紹介 /72　演じ方のポイント /73　【実践例】3年ねたろう /74
  - その他、知っておきたいこと!! /78　さらに、学びたい人へ!! /78

手遊び 　　　　　　　　　　　　　　　　　　　　　　　　　　　　（天野）

- 手遊びの魅力 ……………………………………………………………………………… 79
- 手遊びを行うときに ……………………………………………………………………… 80
- 3歳児と楽しむ手遊び …………………………………………………………………… 82
  - 選ぶときのポイントと手遊び紹介 /82　手遊びのポイント /83　【実践例】いっぽんばし いっぽんばし /84　コロコロたまご /85　握手でこんにちは /86　1丁目のドラねこ /87
- 4歳児と楽しむ手遊び …………………………………………………………………… 88
  - 選ぶときのポイントと手遊び紹介 /88　手遊びのポイント /89
  - 【実践例】かなづちトントン /90　グーチョキパーでなにつくろう /91　小さな畑 /92
- 5歳児と楽しむ手遊び …………………………………………………………………… 93
  - 選ぶときのポイントと手遊び紹介 /93　手遊びのポイント /94　【実践例】1匹の野ネズミ /95　かえるの夜まわり /96　さあみんなで /97
  - その他、知っておきたいこと!! /98　さらに、学びたい人へ!! /100

ペープサート 　　　　　　　　　　　　　　　　　　　　　　　　　（来間）

- ペープサートの魅力 ……………………………………………………………………… 101
- ペープサートを行うときに ……………………………………………………………… 102
- 3歳児と楽しむペープサート …………………………………………………………… 104
  - 選ぶときのポイントと作品紹介 /104　演じ方のポイント /104

【実践例】さかながはねて / 105
4歳児と楽しむペープサート 108
選ぶときのポイントと作品紹介 / 108　演じ方のポイント / 108
【実践例】はたらく くるま / 109
5歳児と楽しむペープサート 112
選ぶときのポイントと作品紹介 / 112　演じ方のポイント / 112
【実践例】にんじんとごぼうとだいこん / 113
その他、知っておきたいこと！！/ 116　さらに、学びたい人へ！！/ 116

パネルシアター
（来間）

パネルシアターの魅力 117
パネルシアターを行うときに 118
3歳児と楽しむパネルシアター 120
選ぶときのポイントと作品紹介 / 120　演じ方のポイント / 120　【実践例】ふうせん / 121
4歳児と楽しむパネルシアター 124
選ぶときのポイントと作品紹介 / 124　演じ方のポイント / 124
【実践例】ぞうさんのぼうし / 125
5歳児と楽しむパネルシアター 128
選ぶときのポイントと作品紹介 / 128　演じ方のポイント / 128　【実践例】おおきなかぶ / 129
その他、知っておきたいこと！！/ 132　さらに、学びたい人へ！！/ 132

エプロンシアター
（来間）

エプロンシアターの魅力 133
エプロンシアターを行うときに 134
3歳児と楽しむエプロンシアター 136
選ぶときのポイントと作品紹介 / 136　演じ方のポイント / 136　【実践例】何が出るかな？/ 137
4歳児と楽しむエプロンシアター 140
選ぶときのポイントと作品紹介 / 140　演じ方のポイント / 140
【実践例】金のおの 銀のおの / 141
5歳児と楽しむエプロンシアター 144
選ぶときのポイントと作品紹介 / 144　演じ方のポイント / 144　【実践例】北風と太陽 / 145
その他、知っておきたいこと！！/ 148　さらに、学びたい人へ！！/ 148

ゲーム　　　　　　　　　　　　　　　　　　　　　　　　　　　　（但木）

- ゲームの魅力 ……………………………………………………………………… 149
- ゲームを行うときに ……………………………………………………………… 150
- 3歳児と楽しむゲーム …………………………………………………………… 152
  - 選ぶときのポイントとゲーム紹介 / 152　ゲームを楽しむためのポイント / 152
  - 【実践例】持っているのはだあれ？ / 153　ロンドン橋 / 154　かごめかごめ / 155　玉入れ / 156
- 4歳児と楽しむゲーム …………………………………………………………… 157
  - 選ぶときのポイントとゲーム紹介 / 157　ゲームを楽しむためのポイント / 157
  - 【実践例】ドレミの歌遊び / 158　ドン、じゃんけん / 159　ボール送り / 160　たけのこ1本ちょうだいな / 161
- 5歳児と楽しむゲーム …………………………………………………………… 162
  - 選ぶときのポイントとゲーム紹介 / 162　ゲームを楽しむためのポイント / 162
  - 【実践例】そーっと！そーっと！ / 163　おとなりさん　にげろ！ゲーム / 164　ボール運び / 165　震源地はどこだ？ / 166
  - その他、知っておきたいこと!! / 167　さらに、学びたい人へ!! / 168

折り紙を使った活動　　　　　　　　　　　　　　　　　　（但木）

- 折り紙の魅力 ……………………………………………………………………… 169
- 折り紙を使った活動を行うときに ……………………………………………… 170
- かんたんな折り紙を使った活動 ………………………………………………… 172
  - 【実践例】おさいふ / 172　指人形 / 174
- 少し複雑な折り紙を使った活動 ………………………………………………… 176
  - 【実践例】ハート / 176　ひこうき / 178　いかひこうき / 178
- むずかしい折り紙を使った活動 ………………………………………………… 180
  - 【実践例】しゅりけん / 180　さかな / 182
  - 子どもたちに人気のあるおりがみ / 184　その他、知っておきたいこと!! / 186　さらに、学びたい人へ!! / 187

実習における児童文化財の活用と展開 …………………………（久富）189

1．保育の基本と指導計画 / 189　2．実習生と指導計画 / 189　3．児童文化財を実習で活用する / 190　児童文化財の活用と展開例1 / 191　児童文化財の活用と展開例2 / 193　児童文化財の活用と展開例3 / 195

実習における
保育実技の意味と位置づけ

1．実習へ行くことの意義

　「幼稚園の先生になりたい」「保育所の保育士になりたい」という夢をもって大学や短大、専門学校に入学してきたみなさん、いよいよ、教育実習、保育実習ですね。きっと不安と期待で複雑な思いを感じていられることでしょう。「子どもたちは私のことを受け入れてくれるかしら？」「現場の先生はやさしいかしら？」「責任実習はうまくできるかしら？」「指導計画案をうまく立てることができるかしら？」などなど、心配なことはたくさんありますよね。でも、だいじょうぶ。きっとみなさんは実習のなかで何かをつかんでひとまわりもふたまわりも大きく成長されることと思います。たいへんなこともひとつやふたつはあるでしょうが、それ以上に楽しいことやうれしいこともあるはずです。また、そういう実習になるように自分でできることを工夫することも必要でしょう。

　そのためにも、まず最初に、実習へ行くことの意義を確認しておきましょう。保育者養成のなかで実習は非常に重要な位置づけをもっています。みなさんはふだん学校のなかで保育者になるためのさまざまな教科目を学んでいることでしょう。それは、保育原理や保育方法などであったり発達心理学や小児保健であったりすることでしょう。また、ピアノや合奏、絵画、ダンスなどの実技も学んでいますね。そうした知識や技術を学ぶことは保育者になるために非常に大切なことです。しかし、保育の営みはなんといっても子どもたちの生活の上に成り立っています。そのため、子どもという存在を抜きにして保育の知識や技術を学ぶことは保育のなかで役に立たないだけでなく危険なことにもなりかねないのです。なぜならば、知識や技術が先行してしまうことにより肝心の子どもの姿が見えなくなってしまうことがあるからです。そうならないためにも、実習に行き、生きた子どもと出会うことが大切なのです。そして、学校で学んできたことが現実の子どもとの生活のなかでは、どのように生かせられるのかを学んだり、また、今後自分が課題としなければいけないことは何なのかを発見できることが大切なのです。

2. 保育実技はなぜ必要なのでしょうか？

　保育者になるために、また、実習に行くために保育の理論や知識を学ぶことと同時に保育実技を身につけることも必要になります。しかし、なぜ保育実技が必要なのかを考えてみたことがあるでしょうか？

　保育実技とは、ピアノを弾くこと、壁面構成をつくること、絵本を読み語ること、手遊びを行うことなど具体的にはさまざまなことが考えられますが、いわゆる保育を行う上で保育者が実際に行える技であるといえるでしょう。もちろん、保育の技には保育実技だけではなく、子どもを理解することや親との信頼関係を築くことなども含まれており、近年ではそうした保育の技を身につけておくことのほうが保育実技を身につけることよりも保育者の素養としては重要であるといわれています。それは、保育者の素養として歌のお姉さんのように楽しくゆかいにうたいおどったり、上手にピアノが弾けることだけが評価されていたことに対する批判でもあり、私もその意見には賛成の立場をとっています。しかし、だからといって保育実技が必要ないとも思えません。なぜならば、美しいピアノの旋律は子どものうたいたいという気持ちを高めることですし、紙芝居や絵本をうまく読み語れることは子どもが心に残る体験をすることになると思うからです。そのような保育実技に出会ったときの子どもたちの表情からは、やはりそれが子どもの育ちにとても大切なことであることを感じとることができるのです。

3. 本当の保育実技とは？

　保育実技というのは技術的な何かを単に身につけることではないと思います。身についた技術的なことが保育のなかで生かされ、子どもに返っていったときにはじめて保育実技と呼べるのだと考えるからです。繰り返しになりますが、その保育実技によって子どもの生活が潤ったり活気づけられたりするというように、子どもの発達に何らかの援助を与えるものだけが本当の保育実技と呼べるのではないでしょうか。また、そうした保育実技を身につけようとするのであれば、その過程においては子どものことをよく理解するということが不可欠になります。子どもの反応を読み取ることや子どもに適した児童文化財を選ぶこと、そうしたことすべてが子どもを理解することになるのです。保育の日常のなかでは、1日に少なくとも一度はそうした保育実技が必要とされる場面があります。同じ紙芝居を演じるということを取り出してみても、保育者の保育実技のあり様によって子どもが受けとるメッセージは違ってきます。そうしたメッセージは1日の単位のなかではとても些細なものかもしれませんが、日々重ねられれば非常に大きなものになっていくのです。

4．実習生にとっての保育実技

　最近は保育者になるために求められることが広範囲にわたってきているために、保育者養成の授業のなかで保育実技を学ぶという機会は少なくなってきているようです。そのことはイコール保育の現場で保育実技が必要でないということではありません。それだけにみなさんが自分たちで学ぶということが必要になってきているのだということだと思います。

　実習に行くときに、また、保育者になったときにも保育実技を知っているということは非常に心強いものです。しかし、まだ保育を学びはじめたばかりのみなさんが短い期間で多くの保育実技を学ぶことはむずかしいでしょう。また、前に述べたように単なる数や種類の多さだけを求めれば本当の保育実技にはならず、一人よがりの舞台になってしまうこともあります。まずは、できそうなものから、あるいは興味をもったものから少しずつはじめましょう。そして、機会を利用して実際に試してみることです。そのときに上手に行えたかどうかを一喜一憂するだけでなく、そのときに得られた子どもの反応から次に自分が学ばなければならないことを知るということを大切にしていただきたいと思います。

5．児童文化財を活用した保育実技

　この本では保育実技のなかで、とくに児童文化財を使ったものを中心に取り上げました。それは、児童文化財が長い間子どもたちに親しまれており、また、日常の保育のなかでも頻繁に活用されているからです。しかし、そうした子どもにとって非常に身近なものであるにもかかわらず、児童文化財を取り上げたテキストには単なる作品の紹介やその羅列、あるいはそれらを使っていかに子どもを集中させられるかというようなやり方の説明だけが書かれているものが多いようです。児童文化財は子どもを楽しませるだけの道具であるというような誤解をされてしまったのはこうした現実もあるのでしょう。もちろん、保育者のなかには子どもを集中させる手段としてあるいは空白の時間を埋め合わせする道具として児童文化財を使っている人がいるのも事実です。しかし、先にも述べたように、それは本当の保育実技ではありませんし、子どもたちも心から楽しんでいるとはいえないでしょう。本来であれば児童文化財の魅力をその活用の仕方とともに学び探求していくことが必要なのです。

6．児童文化という言葉が生まれた背景

　児童文化財の魅力を知るためにはまず、そのもとになる児童文化という言葉がどのような背景から生まれたのかを知ることが大切です。児童文化という言葉は大正期に生まれた日本特有の言葉です。大正から昭和にかけて、学校教育に批判的な大正自由教育の立場を取る

人々がさまざまな児童文化運動を生じさせました。「赤い鳥」の児童文学運動を中心に、芸術童謡運動、生活綴方(つづりかた)運動、児童自由画・児童詩運動などです。そして、それらの運動の目的は、大人とは異なる子どもの独自性を尊重した文化を創造することによって子どもの文化性を高めようとすることでした。当時は、たとえば、学校教科書などには子どもの生活のなかでは使われていないようなむずかしい言葉が使われたり、大人が考える望ましい子ども像をつくるための内容がそのほとんどを占めていました。それに対して、この運動のなかでは子どもがふだん使っている言葉によって子どもの視点で捉(とら)えた世界を表現した読み物や詩が生まれました。戦争がはじまったことによって児童文化運動は一時中断されてしまいました。しかし、終戦後、廃墟のなかから新しい児童文化運動が生まれました。それは、戦争によって子どもらしい生活が奪われた子どもの心に楽しい夢を与えようというものでした。この運動には教師や保育者、学生などが中心となってかかわり、子どもに夢や希望を与えるための読み物や紙芝居、人形劇などたくさんの児童文化財が生まれたのです。

7．児童文化・児童文化財の主体者としての子ども

　児童文化も児童文化財も大人が子どもの健やかな成長を願うことによってつくられたものです。ただし、ここでひとつ気をつけなければいけないことは、それを受け取る子どもの立場です。子どもはそうした大人がつくりあげた文化や文化財を単に受身的に受け取る立場でしかないのかといえばそれは違います。たとえ、子どもによかれと思ってつくられたものであっても、子どもがそれに対して魅力を感じ、子ども自身のなかに受け入れなければ意味がありません。その意味では、子どもは児童文化や児童文化財の主体者であるのです。

8．現代の子どもと児童文化財

　時代は変わり、今はありとあらゆるものが豊富になりました。子どもの読み物もおもちゃなども、数、種類ともにたくさんあります。テレビ、ビデオ、テレビゲーム、ＣＤ、パソコンなど以前にはなかったものも出回っています。そのため、今の時代にふさわしい児童文化や児童文化財への考え方をもつことが必要です。時代は変わっても子どもが魅力を感じるということを基軸にすることは児童文化、児童文化財の中心です。そういう意味では、テレビ、ビデオなどもりっぱな児童文化財です。しかし、こうした時代ではテレビなどの手軽で便利なものだけが子どもたちに与えられやすいというのも事実です。絵本や紙芝居、お話などの児童文化財に出会えないままに育ってしまうこともありうる時代になっているのです。今の子どもたちは絵本やお話が嫌いなのかといえばそうではありません。そうしたものを好まない子どもがいたとしても、それは嫌いなのではなく、そういう児童文化財を楽しんだ経験が

ないだけなのです。こうしたことを考えれば、子どもたちにさまざまな児童文化財と出会える機会を大人が意図的につくっていくということが必要なのです。

9．本書の特徴と活用の仕方

この本では、お話、絵本、紙芝居、手遊び、ペープサート、パネルシアター、エプロンシアター、ゲーム、折り紙というように、9つの児童文化財について個々に魅力とその活用・展開について解説しています。

① 扉ページについて

扉ページには、それぞれの児童文化財の魅力が簡潔に書かれています。どのような児童文化財を活用するにしても、単に「子どもが喜びそうだから」と思って選ぶよりも、どのような魅力があるかを知り、その魅力を伝えられるように作品や演じ方を学んだり、自分なりに魅力を探求したりすることが大切です。「紙芝居なんてだれでもできる」と思われていた人も、その魅力を読んでみると今まで知らなかったような魅力を知ることができるでしょう。「お話なんかむずかしそう」と思っていた方もその魅力を知れば自分でもやってみたくなるかもしれません。児童文化財の魅力を知ることで、みなさんの保育実技を自ら耕していけることを願っています。

② 年齢の分け方について

この本では、初めて実習に行く方が、担当するクラスの子どもたちにふさわしい作品や題材が選べるように、それぞれ各年齢ごとに分かれた児童文化財の紹介や演じ方のポイントをあげています。しかし、この年齢による分け方は決定的なものではありません。あくまでも一応の目安として分けられています。そのため、4歳児で楽しめるとして紹介されたものが3歳児で楽しめることもあれば、5歳児と楽しめることもあります。なぜならば児童文化財を楽しめるためには単なる年齢の違いだけでなく、経験の積み重ね、興味や関心の度合いなどが複雑に関係してくるからです。たとえば、3歳児クラスであっても絵本を読み聞かせてもらう経験が多いクラスは、ストーリー性の高い絵本を好むようになっている場合もあり、そのときには「4歳児と楽しむ絵本」から情報を得たほうがよい場合があります。また、この年齢の子どもたちは個人差も多く、生まれ月の問題（4、5月生まれか2、3月生まれか）や、生まれ順の問題（第一子か末っ子か）も無視できません。加えて、実習が6月である場合と2月にある場合とでは子どもの発達の状態にまったく違った様相が見られます。3歳児クラスといえども2月であれば4歳になった子どもがほとんどです。このように考えると、年齢の分け方はある種の目安でしかなく、大切なのは目の前にいる子どもの姿です。しかし、短い実習期間のなかで、ましてや初めての実習でそうした子どもの様子を的確に判断するこ

とは非常にむずかしいことだと思われます。そこで一応の目安として年齢に分けた作品紹介、演じ方のポイントを示してあります。

③ 作品の選択について

　子どもたちが喜ぶ作品は本当にたくさんあります。古くから伝えられている昔話から、今流行の新しいキャラクター物までさまざまです。しかし、本書では流行のものは取り上げずに、とくに昔から子どもたちに好まれてきた作品を取り上げました。こうしたお話はみなさんには新鮮さが感じられないところがあるかもしれませんが、何度聞いても心が温まるような作品です。子どもたちは新鮮で刺激的なものを好む反面、馴染みのあるものを何度も繰り返し楽しむことを好みます。みなさんも、子どものころに何度も同じお話をしてもらうことをせがんだり、昔から使っているものをいつまでも大事に取って置いたりした経験はありませんか？　子どもたちが何度も繰り返すことを望むということは、それだけ子どもが深い魅力を感じているということを表しているのでしょう。作品によっては何世代にもわたって伝えられてきたものもあるわけです。そうしたものを是非21世紀の子どもたちにも伝えていきたいと考えています。

④ 具体例の扱い方について

　この本では、お話であればお話の具体例を使って、話し方のポイントや留意点などが詳しく書かれています。しかし、そこで書かれたポイントや留意点はかならずそのとおりでなければいけないというような確固たるものではありません。あくまでもひとつの例です。基本さえ踏まえていただければみなさんなりの工夫を自由に取り入れてください。自分なりのアレンジを考えることはとても大切なことです。みなさんなりの味つけをした作品を生み出してください。お味噌汁やチャーハンがつくり手によって味が微妙に異なるように、その人の味つけや仕上げの加減によって独特な味わいが生まれます。それが楽しみでもありおいしさにもつながるのです。みなさんなりの味つけを期待しています。

⑤ 興味をもった児童文化財から取り組める

　この本は、みなさんが興味をもった児童文化財のページから読むことができます。やってみたいもの、やれそうなものからはじめましょう。そして、ひとつでいいですから保育実技を身につけましょう。実習中はなんといっても子どもの笑顔が心の支えになります。そのためにも子どもの笑顔と出会えるための保育実技をもっていきましょう。ある実習生ははじめての絵本の読み聞かせで子どもたちに「先生、とってもおもしろかったよ。また読んでね」と言われました。それが自信となり、残りの実習は今までより肩の力を抜いて行うことができました。そして、それが保育のおもしろさを味わうことにもつながったと言います。ひとつの保育実技がその人の実習のあり様を変えることもあるのです。気負わず、ゆっくりはじめましょう。

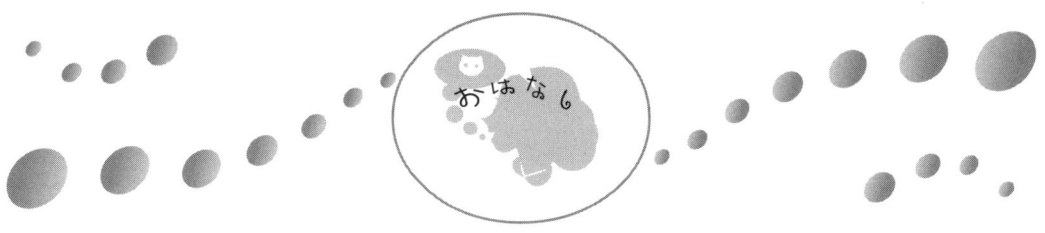

お　話

お話の魅力

　お話とは、絵本や人形などの道具をいっさい使わずに、語り手がその声や表情だけで、子どもたちに物語を聞かせてあげることです。

　お話の一番の魅力は、ひとつの物語から、聞き手の子どもたちが、自由に、自分だけのイメージを心のなかに描き出せることです。今日、子どもたちは、あふれんばかりのメディア・視聴覚的刺激に囲まれています。それらの断定的で強烈な視聴覚的刺激と、一方、子どもたちと同じ空間のなか、柔らかな自然な声で、一人一人の目を見ながら語られるお話と、そのどちらから、子どもたちは、温もりや安心感を感じとるでしょうか。

　お話に聞きいる子どもたちの目の輝き、息をすることさえ忘れてしまうほどの張りつめた緊張感、主人公といっしょになって笑ったり、悲しんだりするその一体感、そして物語がしっかりと結末にたどりついたときのフーッというため息、それらは、語り手にとって何よりもうれしいごほうびです。みなさんもその幸せな瞬間を、子どもたちといっしょに体験してみましょう。

お話を行うときに

とりあえず、レパートリーをひとつ!!

みなさんは、実習の時期については、ずいぶん前から知らされていますね。それならば、とりあえず、ひとつ、お話をまえもって覚えておきましょう。

実習を目前にしてから、ましてや実習がはじまってしまってから、お話を覚えて自分のものにするのは至難の業です。お話は、絵本や紙芝居を読み聞かせるよりも、準備にずっとずっと多くの時間が必要です。何ごとも"備えあれば憂いなし"です。さあ、さっそくお話選びにかかりましょう。

お話を選ぼう!!

はじめて覚えるお話の条件としては、次のようなことがあげられます。
① 何よりも、まず、あなたが大好きな物語であること。
② 単純・明快なストーリー展開で、物語のなかに、繰り返しのパターンやおまじないの文句、簡単な歌など、同じ言葉が規則正しく出てくること。
③ 登場人物が少なく、人物設定がはっきりしていること。
④ 物語が"絵"になりやすく、心理描写や情景描写などの抽象的表現が少ないこと。
ほかに、一般的に心がけたいこととしては、次のようなことがあります。
⑤ その季節にあったものであること。
⑥ たとえば、『ぐりとぐら』のように、主人公の姿がすでに、深く浸透し、固定化されているものは、イメージがほかに広がりにくいので絵本のままで与えたほうがよい。

お話を覚えよう!!

大好きなお話が見つかったら、さっそく覚えてみましょう。
まず、お話の覚え方には、2つの方法があります。
① 正確に、そのまま覚える。
② 大筋だけ押さえて、あとは自分の言葉で覚える。
私の考えとしては、最終的な方法は②の方法で、お話をしっかりと自分のものとして、自分の言葉で自然に思いのまま語るのが、真の語りだと思います。しかし、みなさんのように、はじめてお話を覚えて、はじめて子どもたちのまえで語るような場合には、まず①の方法を選んだほうがよいでしょう。

なぜかというと、私たちがふだん話している文章は、言葉を探りながら話すことが多いため、むだな言葉が多かったり、適当な言葉が思い浮かばずにつまったり、ということが多いからです。ましてや、子どもたちの視線が集中し、保育者が見ているまえでのこと、その緊張感たるやたいへんなものでしょう。

その点、言葉がしっかりと頭のなかに入っていれば、途中でうろたえることもありませんし、何よりも、美しく安定した言葉と文章を子どもたちに伝えてあげることができます。

じっくりと、確実に覚えましょう。

具体的な覚え方は、それぞれ自分にあった覚え方があると思いますが、基本的には、

① 物語を声に出して、何回も読む。
② 物語の大筋と展開のポイントを把握する。
③ 一つ一つの場面を頭のなかで絵にしてみる。
④ 全体を通して、何度も何度も繰り返し声に出して練習する。
⑤ 言葉がスムーズに出るようになったら、色づけ（感情や間）をし、仕上げる。

最後の⑤の仕上げがとても大事なポイントです。ここをていねいにしないと、お話はただ言葉を機械的に発しているだけの、言葉の羅列に過ぎません。そのようなお話では、当然子どもたちの心はつかめません。子どもたちとお話を共有し、心から楽しむために、仕上げとして、物語にあなたの生命を吹き込むことを忘れないでください。

お話を語ろう！！

物語があなたのものとなったら、いよいよ語り方です。大事なポイントは3つです。

1．聞こえる声で、はっきり、ゆったりと語る

当たり前のことじゃないかと思われているかもしれませんが、はじめてのときは緊張して、どうしても声が縮まってしまいがちです。小さな声でボソボソと不明瞭に語っていたのでは、子どもたちに物語の楽しさは伝わりません。子どもたちが安心して、物語のなかに入り込めるよう、リラックスして、はっきりとていねいに語りましょう。

また、私たちのふだんの話し方は、自分が思っている以上に速いものです。そこに、緊張感が加わり、語るという作業のみに意識が集中してしまうと、どうしても、機械的に、ますます速くなってしまいます。そうなると、子どもたちはお話についていけず、気持ちがほかに移ってしまいます。

ゆったりと語るためには、まず語り手自身が物語のなかに入り込み、楽しむことが大切です。そうすれば、自然に、どの場面でゆっくりと間を取るか、またどの場面で一気にテンポを速めるかなどもわかってきます。

2．自然な声と表情で語る

よく、お話は淡々と語るのがよいと聞きますが、これは決して、無表情に、抑揚をつけずに語ることではありません。かといって、表現の仕方があまりにもオーバーだと、子どもたちは、物語の内容よりも、その語り手自身に気をとられてしまい、物語を自分の心のなかで絵にすることができなくなってしまいます。あくまで、主役は、語り手自身ではなく、物語です。適度な抑揚をつけて、自然な表現を心がけてください。

3．子どもたちの目を見て語る

お話をしているあいだは、かならず、子どもたちの目を見ましょう。語り手が、床や天井を見て、子どもたちから視線をそらせていると、子どもたちは、たちまち不安になり、集中できません。かならず、一人一人の子どもと目を合わせ、一人一人の子どもに語りかけているような気持ちをもちましょう。

また、たくさんの子どもたちのなかで、とくに物語に集中して、じーっと目を見つめ返してくるような子どもと視線を合わせることで、語り手自身が励まされ、気持ちも落ち着いてきます。

ですから、こわがらず、子どもたちの目をしっかりと見つめ、しっかりと気持ちをつなげましょう。

お話の人数と部屋について

お話をするときの子どもたちの人数と部屋の環境についても、お話を楽しむためにしっかりと考えて、整えておきましょう。

まず、子どもたちの人数は、理想としてはおおよそ3歳児は10人前後、4歳児は15人前後、5歳児でも20人前後がよいと思います。

部屋の環境としては、ホールのようにあまり広すぎると、一体感・親近感が薄れて、気が散りやすいので、小さな空間のほうが向いています。また、光があまり強すぎるより少しうす暗いほうが、子どもたちの気持ちが落ち着くので、場合によっては、カーテンなどを引きましょう。そして、ほかの部屋の音や声もできる限り遮断して、静かで落ち着いた空間をつくりましょう。ただし、実習中は、子どもたちの人数や部屋の環境について自由に選択・設定できるとはかぎりません。可能な範囲で、先生と相談しながら整えていきましょう。

語り手と子どもたちの場所と位置

語り手の場所は、その背後に何も見えないこと、つまり、壁を背に座るのが一番よいでしょう。語り手の背後に、動くものが見えたり、窓からの光が差し込むと、子どもたちの気が散りますし、語り手の表情も見にくくなります。また、語り手の前に机などがあると、子ども

の視線がさえぎられてしまうので何も置かないようにしましょう。

次に、語り手は、低いいすか、床に座りましょう。立ってしまうと、子どもたちが見上げることになり、無理な姿勢になる子が出てきます。一方、子どもたちは、いすに座っても、床に座ってもどちらでもよいと思います。

並び方は、一重か二重の扇形がよいでしょう。かならず、どの子どもからも語り手がよく見え、どの子どもとも目を合わせられるように座ることが一番大切なことです。

導入と終わり方

お話の導入には、長々とした説明や前置きは必要ありません。余計な前置きがあると、子どもたちは、どこからが本当のお話なのかがわからず、混乱してしまいます。

それよりも、やさしく、美しい音色の小さな鈴などを鳴らしたり、ろうそくをともしたり、かんたんな歌をうたったりして、子どもの興味を引きつけてお話の雰囲気づくりをしたほうが、子どもたちは自然とお話の世界に入り込めるでしょう。

終わり方も導入と同じく、ろうそくを消したり、鈴を鳴らしたりして、あっさり終わりましょう。お話の世界で自由に遊び、一人一人の心のなかに描かれたイメージをあえて現実の世界に引き戻し、確認することは、大人の一方的なイメージを押しつけることになります。ですから、お話の内容を確認したり、感想を求めたりせず、お話の余韻は、一人一人の心のなかにあずけて、それぞれの心に描かれた「絵」を大切にしてあげましょう。

こんなとき、どうする!? －よく起こるトラブルへの対処－

Q.「このお話知ってるよ」と言われたら、どうする？

A. かならずといっていいほど、耳にする言葉です。子どもたちがこう言うのは、「もう知ってるから聞きたくない」という意味ではなく、自分が、その話に参加したい、知っている自分を認めてほしいという、自己主張のひとつなのです。ですから、「知ってる」の一言に意気消沈することなく、自信をもって、あなたのお話を進めていきましょう。実際の場面では、こう発言した子どもの目をしっかりと見て、笑顔でうなずくだけでも十分です。もしも、必要ならば、小さな声で「お話をはじめます。いっしょに聞いてね」と声をかけましょう。

Q. お話を忘れたり、間違ったら、どうする？

A. 子どもたちの前で「あっ、間違えちゃった！」と言ったり、舌を出したりしてはいけません。せっかく、お話のなかに入り込んでいる子どもたちが、現実に引き戻され、集中力がぷつんと切れてしまいます。できるだけ、平静な態度で、自分の言葉で次の文章へとつなげましょう。物語のポイントをしっかりと押さえておけば、たとえつっかえても、とばしてしまっても、軌道修正は可能です。

Q. 子どもが、質問してきたら、どうする？

A. 昔話のなかで、子どもたちになじみのないような言葉が出てきて、それに対して「それは何？」と質問してきたら、話の合間にさり気なく答えましょう。たとえば"ひしゃく"という言葉に対して質問してきたら、「ひしゃくは、昔の人がよく使っていた水を汲むものです」というように、あっさりと答え、話を進めましょう。もしも、内容に関係のないことで、話がどんどんそれそうなときには、その子の目を見て、手で制しながら、小さな声で「あとでね」と言ったり、目を見てうなずいて、その子どもの話したい気持ちだけを受け止めておきましょう。そしてお話の活動が終わったあとで、「さっきは何のお話がしたかったの？」と声をかけ、気持ちを完結させてあげましょう。

Q. 子どもがざわついて集中しなかったら、どうする？

A. そのようなときは、語り手の声が子どもたちにしっかりと届いていないことが多いものです。焦らず、ゆったり、はっきりを意識しながら、子どもたちの目をしっかりと見て、自分の想いを送るような気持ちで語り続けましょう。

3歳児と楽しむ　お　話

選ぶときのポイントと作品紹介

3歳児を知ろう！

　3歳児くらいの発達の子どもたちに対して、どんなお話を選んだらよいかを考えるまえに、まず、3歳児のお話に関しての発達の特性を知っておきましょう。

　3歳児くらいになると、それまでは、絵本、紙芝居、人形など視覚的なものに助けられて、物語を楽しんでいましたが、このころからは、耳から聞いたお話を頭のなかで、断片的に「絵」にしてイメージできるようになります。

　しかし、物語を自分の頭のなかで、組み立てることについては、まだまだ初心者であることを忘れないようにして、お話を選びましょう。

お話をするときの具体的なポイントは？

　ここで、前述、14ページの「お話を選ぼう」をもう一度ご覧ください。

　はじめてのお話選びのポイントと、3歳児にお話を選ぶときのポイントは、ほとんど同じと考えてよいでしょう。とくに、

　② 単純・明快なストーリーで、物語のなかに繰り返しのパターンや言葉があること。
　④ 物語が「絵」になりやすく、抽象的表現が少ないこと。

　これら2つのポイントは、かならずおさえましょう。

　そのほかに、お話のなかに、子どもたちがよく知っている身近なものや事柄が出てくることもおさえておきたいポイントです。たとえば、家で飼っている犬や猫の話、みんなで遊びに行った山や森や海の話などです。前もって先生に子どもたちの今の様子や、興味の対象などを聞いておくと参考になるでしょう。

　時間的な目安としては、6〜10分以内が適当だと思います。

　3歳児はまえにも書きましたが、お話を聞くことについては初心者ですので、選択を間違って、子どもたちに合わないお話をしてしまうと、物語を追いきれずに、すぐにあきて、ほかのことに興味を移して、遊びはじめてしまいます。そういった意味では、5歳児よりも、慎重なお話選びが必要でしょう。

作品紹介

『おおきなかぶ』
ロシアの民話／福音館書店／1988

畑の大きなかぶを、おじいさん、おばあさん、まごむすめやいろいろな動物たちが次々に登場して、抜こうとするお話。かけ声がリズミカルで、子どもたちもいっしょに声を出して楽しめます。

『おかあさん　だいすき』
M・フラック／岩波書店／1982

お母さんのお誕生日に何をあげようかと迷っている男の子に、いろいろな動物たちが次々とすてきな助言をしてくれ、最後には、とびきりすてきなプレゼントが見つかるお話。子どもたちに身近な題材です。

おはなしのろうそく１『おいしい　おかゆ』
グリム童話／東京子ども図書館／1987

貧しい女の子が、好きなだけおかゆの出てくるおなべを手に入れましたが、お母さんは、おかゆの止め方を知らずに、おかゆはどんどんあふれて、たいへんなことになります。登場人物が少なく、単純なお話なので語りやすいでしょう。

『どうぞのいす』
香山美子／ひさかたチャイルド社／1979

うさぎが小さないすを作って、木の下に置きました。そこへ次々と動物がやってきて、それぞれ次の人へどうぞとおみやげを置いていきます。最後のおみやげは何でしょう。リズミカルなかわいい秋のお話です。

話し方のポイント

お話をはじめるまえに

この時期の子どもたちは、まだまだ興味の対象が移ろいやすく、ほんのちょっとしたきっかけで集中力がとぎれてしまい、お話から心が離れてしまいます。

そこで、お話をはじめるまえに可能なかぎり、子どもたちの興味を誘うようなものは取り除いておきましょう。たとえ、それがハンカチ１枚であっても、輪ゴム１本であっても、子どもたちの気持ちを遊びに誘うには十分な対象となりますので、子どもたちの手には、何もないことが基本です。

もちろん、お話のまえに排泄をすませておくことも忘れないようにしましょう。

心地よい語り方で

３歳児のなかには、耳から聞いたお話を頭のなかできちんと順序立てて理解することがむずかしい子どもも多くいます。

そこで、お話の内容を理解させようとするよりも、まず、流れるような心地よいお話のリズムや、包みこむようなゆったりとした安心感のある語り方を心がけ、子どもたちが「お話の時間って気持ちがいいな」と思えるようにしたいですね。

実 践 例

【 3匹のやぎのがらがらどん 】

<お話>

①むかし、むかしのお話です。

ある山に、3匹のやぎが住んでいました。名前はどれも、がらがらどんといいました。小さいやぎのがらがらどんには、小さい角。中くらいのやぎのがらがらどんには、中くらいの角。大きいやぎのがらがらどんには、大きくてりっぱな角がありました。3匹は、とてもなかよしで、いつも、いつでもいっしょに遊んでいました。

ある日のこと、谷川のむこうに、緑の草が一面に生えているのを見つけた3匹は、おいしい草を食べに行こうと思いました。

②けれど、途中の谷川に橋があって、その下には、おそろしいトロルが住んでいました。

③ぐりぐり目玉は、皿のよう。耳までさけた大きな口で、何でも食べてしまう化けものです。

④さて、まずはじめに、小さいやぎのがらがらどんが、橋を渡ります。かた、こと、かた、こと、と橋がなりました。

すると、そのとたん、谷川からしぶきを上げて、トロルが飛び出して、⑤「だれだ！　おれさまの橋を、かたこと、ゆらすやつは！」とどなりました。

⑥小さいやぎのがらがらどんは、ぶるぶる震えて答えました。「ぼく、一番小さいやぎのがらがらどんです」

それを聞いて、トロルはおそろしい声で言いました。⑦「よーし、おまえを食ってやる！」

⑧「あー、どうか、ぼくを食べないで。ぼくのすぐあとに、中くらいのやぎのがらがらどんがやってきます」と、小さいやぎのがらがらどんが言いました。

⑨「それなら、とっとと、行ってしまえ！」と、トロルはそういうと、谷川にもぐってしまいました。

小さいやぎのがらがらどんは、大急ぎで橋を渡って、野原につ

<話し方のポイント>

①ゆっくりと、ていねいに題名を言ったあと、少し間をおいてからはじめる。また、「むかし、むかしのお話です」のあとも少し間をおく。

②雰囲気を変えて、少し低いトーンで。不気味な様子を表現する。

③ゆっくりと、はっきりと、トロルの大きさや怖さをイメージしながら語る。

④間をおいて、調子を変えて、軽快な調子で。

⑤実際には、どならない。おなかの底から出すように、太く、はっきりとした声で言う。「だれだ」をとくに強く。

⑥一転して、かぼそい声で。

⑦「⑤」と同じ。

⑧「⑥」と同じに、すがるような気持ちで。

⑨投げつけるような口調で、速いテンポで。

きました。

次に、中くらいのやぎのがらがらどんが橋を渡ると、がた、ごと、がた、ごと、と橋がなりました。

すぐさま、谷川からトロルが飛び出し、「だれだ！ おれさまの橋を、がたごと、ゆらすやつは！」とどなりました。

中くらいのやぎのがらがらどんは青くなって答えました。⑩「ぼく、中くらいのやぎのがらがらどんです」

すると、それを聞いてトロルが言いました。「よーし、おまえを食ってやる！」

⑪「おっと、食べないでおくれよ。だって、ぼくのすぐあとには、一番大きいやぎのがらがらどんがやってくるんです」と、中くらいのやぎのがらがらどんが言いました。

⑫「ほう、そうか。⑬それなら、とっとと消えうせろ！」とトロルはそう言うと、谷川にもぐりました。

中くらいのやぎのがらがらどんは、野原へ走って行きました。

そして、最後に、大きいやぎのがらがらどんの番になりました。⑭がたん、ごとん、がたん、ごとん、と橋が大きな音を立ててゆれました。

「だれだ！ おれさまの橋を、がたんごとん、ゆらすやつは！」と谷川から、トロルが出てきました。

すぐさま、大きいやぎのがらがらどんは、⑮「おれだ！ 大きいやぎのがらがらどんだ！」と叫ぶと、おそろしいトロルに向かって、そのりっぱな角をキラリと光らせました。

そして、トロルにとびかかると、２本の強い角で、トロルのぐりぐり目玉を、思いっきりつきさしました。

トロルは、大きな叫び声を上げると、あまりの痛さに、谷川の奥深くにもぐって、もう二度とあらわれませんでした。

⑯大きいやぎのがらがらどんは、トロルが逃げていったことをしっかりと見とどけると、ぶるんと頭をふり、堂々と橋を渡っていきました。

⑰こうして、３匹のやぎのがらがらどんは、緑一面の野原でおいしい草をおなかいっぱい食べることができました。

⑩小さいやぎよりも、少し大きい様子を意識して。

⑪前のトロルの言葉に、間をおかずに、すぐにあわてて言うように。

⑫「ほう、そうか」は、ゆっくりと、「いいことを聞いたぞ、しめしめ」という気持ちで。

⑬一刻も早く行ってほしいという気持ちで、投げつけるように。「⑫」と対照的に、速いテンポで。

⑭大きく、堂々と。足をふみならして、実際に音を出してもよい。

⑮堂々と、力強い声で。クライマックスなので、一気に、力強く語る。

⑯勝ちほこったように、堂々とした様子で。「しっかりと」と「ぶるん」を強調する感じ。

⑰間をとって、やぎたちの、おなかいっぱいで幸せな様子を感じながら、ゆっくりと語り終える。

4歳児と楽しむ　お話

選ぶときのポイントと作品紹介

4歳児を知ろう！

まず、4歳児のお話に関しての発達の特性を考えましょう。

4歳児くらいになると、耳から聞いたお話を自分なりの「絵」として、想像することが容易にできるようになります。物語を追って、そのなかの主人公に自分を同化させて、お話を心から楽しむようになります。

またこの時期は、全体的にいって、自分の考えを主張できるようにもなりますので、お話の途中でも自分の意見を主張したり、質問を繰り返したりして、自分を積極的に表現しようとする子どももいます。

お話をするときの具体的なポイントは？

前述14ページの「お話を選ぼう！」のポイントをまずおさえておきましょう。

そのうえで、やはり3歳児で選んだお話よりも、少しだけ、長い物語を選んでみましょう。時間的な目安としては、15分を越えると、集中力が続かない子どもも多くなるので、15分以内の物語が適していると思われます。

内容的なことについては、仲間がどんどん増える繰り返しがあり、クライマックスに大きな動きがある「ブレーメンのおんがくたい」のような明るく活発な物語のほうが、ひとつひとつの場面を「絵」としてイメージしやすく、子どもたちも共感しやすいと思います。繰り返しの言葉や唱え言葉、かんたんな繰り返しの歌などをいっしょに唱えたり、うたったりして、積極的に楽しめるでしょう。

作品紹介

続・世界のお話100『ブレーメンのおんがくたい』
グリム童話／フレーベル館／1995

年をとって役立たずになり、人間に捨てられた動物たちが次々に集まって、自分たちの家を探して旅をします。最後に、どろぼうをやっつける場面で、大きな動きがあり、痛快なお話です。

『きんのがちょう』
グリム童話／フレーベル館／1996

魔法の金のがちょうを手に入れた若者。いろいろな人が金のがちょうにくっついて行列は長くなり、最後は今まで笑ったことのないお姫さまを笑わせて、幸せになるお話。登場人物は多いのですが、語りやすいでしょう。

おはなしのろうそく6『なら梨とり』
日本の昔話／東京子ども図書館／1977

3人のきょうだいが、病気のお母さんのために、なら梨を取りに行きます。話のすじが素朴なうえ、リズミカルな言葉が繰り返し出てきて語りやすいお話です。沼の主との戦いも緊迫感があって、子どもたちが真剣に聞き入ります。

おはなしのろうそく11『世界でいちばんきれいな声』
フルール作／東京子ども図書館／1981

子ガモが、いろいろな動物に出会うたびにその鳴き声に憧れてまねしてみるけれど、うまくいきません。最後に、お母さんガモの声が一番きれいなことを知るという、かわいらしいお話。いろいろな鳴き声が楽しいお話です。

話し方のポイント

子どもたちの目と心をとらえて語る

4歳児の子どもたちはまさにおしゃべりの時期の真最中です。とくに、うれしいとき、楽しいときには、その気持ちをすぐに伝えたくてたまりません。お話が楽しければ楽しいほど、自分を同化させればさせるほど、たとえお話の途中であっても、次々と発言する子どもたちが見られます。

子どもたちの心と語り手の心がしっかりとつながっているように、まず語り手自身が余裕をもって、子どもたちのさまざまな言動に動揺することなく、一人一人の目を見て堂々と語りましょう。

参加型のお話を楽しむ子どもたち

このころの子どもたちは、旺盛な好奇心でお話を楽しむようになります。すべての言葉の意味や、内容がわからなくても、自分の理解できる一部分の言葉や、自分の心の琴線にぴったり合う言葉に敏感に反応し、声を出したり、身体を動かしたりします。

じーっと静かにお話を聞くだけでなく、楽しむ場面ではいっしょに声を出してうんと楽しむ参加型の聞き方も、お話の楽しみ方のひとつとして受けとめましょう。

実　践　例

【 狼と7匹の子やぎ 】

<お話>　　　　　　　　　　　　　　　　<話し方のポイント>

①むかし、あるところに、1匹のお母さんやぎがいました。このお母さんやぎには、7匹の子やぎがあって、この子やぎたちをかわいがることといったら、人間のお母さんが自分の子をかわいがるのとおんなじでした。

②ある日、お母さんやぎは、森へ行って、食べ物をとってこようと思いました。そこで、7匹の子やぎをみんなよびよせて、言い聞かせました。③「子どもたちや、お母さんは、これから森へ行ってくるからね。狼に気をつけるのよ。もしも、狼を家の中へ入れたら最後、おまえたちはみんな、まるのみにされてしまうからね。狼は、よく化けるけれど、声はしゃがれているし、足は黒いから、すぐに、狼だとわかりますよ」

子やぎたちは、④「お母さん、ぼくたち、よく気をつけるから、心配しないで行ってらっしゃい」と言いました。

そこで、お母さんやぎは、メェーと言って安心して、出かけていきました。

⑤すると、まもなく、だれかが家の戸をたたいて、こう言いました。⑥「あけておくれ。お母さんだよ。みんなにおみやげがありますよ」　でも、子やぎたちは、そのしゃがれ声で、すぐに狼だと気づきました。

⑦「あけてなんかやらないよ。おまえはお母さんじゃない。お母さんは、きれいなやさしい声をしているんだ。おまえの声はしゃがれてる。⑧おまえは、狼だ！」と子やぎたちは叫びました。

そこで、狼は、お店へ行って、チョークを10本買い、それを食べて声をきれいにしました。

それから、また戻ってきて、戸をたたいて言いました。⑨「あけておくれ。お母さんだよ。みんなにおみやげがありますよ」

けれども、そのとき、狼は、まどにまっ黒な前足をかけていました。その足を見て、子やぎたちは叫びました。

①ゆっくりとていねいに題名を言う。少し間をおいてから、ゆっくりと、おだやかに、お母さんやぎのやさしい愛情を感じながら語る。
②場面展開、間をおいて。

③ゆっくりと、ていねいに、言い聞かせるように。

④明るく、元気よく。

⑤場面展開、間をおいて。「いったいだれでしょう」という気持ちをもちながら。
⑥しゃがれた声を出すのは、むずかしいので、低く、太い声をつくればよい。
⑦元気に、自信たっぷりの子やぎたちをイメージしながら。
⑧ここは、とくに強い調子でつきつけるように。
⑨前よりは、少し高いトーンできれいな声で。

「あけてなんかやらないよ。お母さんの足は、おまえの足みたいに、まっ黒な足じゃない。おまえは、狼だ！」

そこで、狼は、今度は粉屋に走っていって、白い粉のバケツに、足をつっこみました。すると、狼の足は、お母さんやぎのように、まっ白になりました。

⑩さて、この悪者狼は、またまた、子やぎたちの家へやってくると、戸をたたいて言いました。「あけておくれ。お母さんだよ。みんなにおみやげがありますよ」

そこで、子やぎたちは言いました。「それなら、足を見せてごらん。そうすれば、お母さんかどうかわかるから」

狼は、白くぬった前足を窓にかけました。子やぎたちは、その足が白いのを見て、ほんとうに、お母さんだと思い、戸をあけました。

⑪すると、どうでしょう。入ってきたのは、狼でした。

子やぎたちは、びっくりぎょうてん。急いでどこかへかくれようとしました。

⑫1匹めはテーブルの下へ、2匹めはベッドの中へ、3匹めはストーブの中へ、4匹めは台所へ、5匹めは戸棚の中へ、6匹めは洗濯だらいの下へ、7匹めは柱時計の中へ、それぞれ飛び込みました。

⑬けれども、狼は、たちまち、子やぎたちを見つけ出し、かたっぱしから、のみこんでしまいました。

⑭ただ、柱時計の中にかくれた1番小さい子やぎだけは、見つけることができませんでした。

⑮さて、狼は、こうして、おなかがいっぱいになると、のそのそと外へ出ていきました。そして、草はらの木の下にごろりと寝ころぶと、ぐっすり眠りこみました。

⑯それからまもなく、お母さんやぎが森から帰ってきました。

⑰すると家の中は、ひどいありさまでした。家の戸は、あけっぱなし、テーブルやいすは、ひっくりかえっています。洗濯だらいは、ばらばらにこわれ、ふとんやまくらは、ベッドからひきずりおろされていました。

お母さんやぎは、あわてて子どもたちをさがしましたが、どこにも見あたりません。お母さんやぎは、子やぎの名前を順々に呼

⑩物語が大きく展開する出だしのところ。間をおいて、ゆっくりと、「さて……」とはじめる。

⑪子やぎたちの大きな驚きを感じながら。抑揚をつけて。

⑫この物語のなかで、とても大切なところ。リズミカルに、はっきりと。つまってしまわないように、何度も練習しましょう。頭の中で、子やぎたちがかくれる場面を思い描きながら語る。1匹め、2匹めと指で示してもよいでしょう。

⑬あまり、間をおかずに、強い調子で。

⑭少しだけ、救いを見いだせたように、小さな子やぎを慈しむようなやさしい調子で。

⑮間をおいてから、狼のふてぶてしい様子を表しながら、ゆっくりと。

⑯一呼吸おいてから。

⑰とても驚いたように。

びましたが、返事はありません。最後に、1番小さい子やぎを呼ぶと、「お母さん、ぼく、柱時計の中にかくれているよ」という、小さな声がしました。

㉘まだ恐怖のさめやらぬような、かぼそい声で。

　お母さんやぎが、子やぎをそこから出してやると、子やぎは、狼がやってきて、ほかの子やぎたちをみんな食べてしまったことを話しました。

　㉙お母さんやぎが、それを聞いてどんなに泣いたか、みなさんにもわかるでしょう。

㉙やさしく慈しむような気持ちで。

　㉚しばらくしてから、お母さんやぎと、小さなやぎは、泣きながら、外へ出ていきました。

㉚場面展開、間をおいてから。

　草はらまでくると、木の下で、狼が、木の枝がふるえるほど、大いびきをかいて寝ていました。

　㉑お母さんやぎは、狼の様子をよく見ているうちに、ふくれたおなかの中で、何かがもぞもぞ動いていることに気がつきました。

㉑前半は、注意深く見ている様子で、「よく」を強調して。後半は、だんだん希望がでてくるように、明るい調子へと変えていく。

　㉒「まぁ、もしかすると、狼が晩ごはんに食べたわたしの子やぎたちは、まだ生きているかもしれないわ」と、お母さんやぎは思いました。

㉒驚きと喜びをもって。

　そこで、小さな子やぎに、大急ぎで、うちから、㉓はさみと針と糸をとってくるようにいいました。

㉓一つ、一つを確認するように、ゆっくりと。

　それから、悪者狼のおなかを、㉔ジョキジョキ切り開きました。ひとはさみいれたとたんに、㉕子やぎが1匹顔を出しました。また、ジョキジョキとやっていくたびに、6匹の子やぎたちが、次から次へと、飛び出してきました。

㉔残酷に思えるが、あまり意識せず、あっさりと語る。
㉕どんどん明るい調子へ。

　狼が、あわてて丸のみにしたおかげで、子やぎたちはみんな、かすり傷ひとつ受けていませんでした。

　小やぎたちは大喜びで、お母さんやぎに抱きついて、ぴょんぴょんはねました。

　㉖けれども、お母さんやぎは言いました。「さあ、急いで、ごろごろした石をさがしておいで。この悪者狼が眠っているあいだに、おなかに石をつめこんでやりましょう。

㉖子どもたちの喜びの気持ちを、ひきしめるようなお母さんやぎの気持ちを思い、狼をこらしめてやろうという強い意志をもって、きっぱりと。

　そこで、7匹の子やぎたちは、大急ぎで石を集めてきて、狼のおなかの中につめこめるだけつめました。狼のおなかが、石でパン

パンになると、お母さんやぎはすばやくそのおなかをもとどおりに縫い合わせました。そのあいだも、狼は、何にも気づかずに、ぐーぐー眠り続けていました。

㉗そのうち、狼が目をさましました。狼は、おなかの石のせいで、たいそうのどがかわいたので、井戸へ行って、水を飲もうと思いました。

ところが歩き出してみると、動くたびにおなかの中の石がぶつかりあって、がらごろと鳴りました。

そこで、狼は、大きな声で言いました。

㉘「はらで、がらごろ鳴るのは何だ
　子やぎ6つとおもったが、
　　これじゃ、まるで、石ころだ」

狼は、井戸までくると、体をのりだして、水を飲もうとしました。するとそのとたん、おなかの中の石の重みで、井戸の中へ落ちて、㉙おぼれて死んでしまいました。

7匹の子やぎはそれを見ると、みんな井戸にかけよって、

㉚「狼は、死んじゃった
　　狼は、死んじゃった」
とうたいました。

㉛それから、大喜びで、井戸のまわりで、お母さんやぎといっしょに、手をとりあって踊りましたとさ。

㉗間をおいてから。

㉘かんたんなメロディーをつけてうたうと、物語の中に変化が加わり、楽しくなる。かんたんなメロディーなので、繰り返し聞くうちに、子どもたちもいっしょにうたうようになる。ゆっくりと、重そうにうたう。語るときには、重く、苦しそうに語る。

(作曲／天野恵子)

㉙あっさりと、あまり考えすぎずに。

㉚明るく、無邪気な調子で。うたわずに語ってもよい。

㉛幸せそうな様子をイメージしながら、あたたかな口調でゆっくりと語り終える。

5歳児と楽しむ　お話

選ぶときのポイントと作品紹介

5歳児を知ろう！

5歳児になると、子どもたちはお話に対して、どのような発達の特性を見せるでしょうか。

5歳児くらいになると、多くの子どもたちに、お話を聞くという姿勢（目的意識）が、はっきりと見えるようになります。したがって、少々、抽象的な場面になっても、自分で努力して理解しようと考えながら、聞くことができます。

また、主人公の行動や動きばかりでなく、悲しい気持ち、うれしい気持ち、怒りの気持ちなどを汲み取って同化し、お話を聞きながら、場面、場面で主人公と同じような表情を見せながら、聞きいるようになります。

このように5歳児になると、心から自由にお話を楽しめるようになるので、今度のお話はなんだろうと、先のことを期待して待つようにもなります。

お話をするときの具体的なポイントは？

上記のような発達を見せる5歳児ですので、前述14ページの「お話を選ぼう！」のポイントから、一歩抜け出したものも、選択の1つに加えられるようになります。

たとえば、物語のなかの繰り返しのパターンが少々複雑になったり、心情的・情景的な説明の描写が多いものでも、物語自体に魅力がありさえすれば、十分、楽しむことができます。

時間的な目安としても、20分前後のものも聞けるようになります。

内容的には、楽しいお話ばかりでなく、ときには、悲しいお話や余韻のあるお話なども取り入れてみましょう。聞きごたえのある、ボリュームのあるお話を聞き終えて、十分楽しんだ後には、きっと子どもたちにも、気持ちのよい達成感が得られるはずです。

最後に、お話に、教育的・道徳的なしつけの効果（たとえば、よくばりなおじいさんのお話をして、よくばりはよくないと諭したり、意地悪なおじいさんが報いを受けたのは自分のせいだから、みんなはやめましょうというように、あえてお説教をするなど）を、過分に背負わせないでほしいと願います。お話は「手段」ではありません。それぞれの子どもたちが、それぞれの感性で、自由に楽しむことこそが、お話の最大の喜びだと思います。

作品紹介

世界のお話100『王子様の耳はロバの耳』
ポルトガル民話／フレーベル館／1994

王子様の耳が、ロバの耳であることを秘密にしなければいけない床やさんは、だれかに言いたくてたまらずに、穴に向かって秘密を叫びます。やがて、そこから聞こえてきたのは？　不思議でユーモラスなお話。

おはなしのろうそく1『かしこいモリー』
イギリスの昔話／東京子ども図書館／1973

元気で賢い女の子モリーが、人食い大男を相手に知恵を使い、出し抜いて幸せを手に入れるお話。骨太のすごみのあるお話で、子どもたちもぐいぐい引き込まれます。力強く語るとよいでしょう。

おはなしのろうそく13『北風にあいにいった少年』
ノルウェーの昔話／東京子ども図書館／1983

『北風のくれたテーブルかけ』という題名でも知られています。北風に飛ばされた小麦粉のかわりに、ふしぎなテーブルかけなどをもらった男の子のお話。元気で、けなげな男の子に子どもたちも感情移入しやすく、喜ばれます。

おはなしのろうそく19『まめたろう』
イランの昔話／東京子ども図書館／1992

「一寸法師」のイラン版のように、おなべから飛び出した豆のまめたろうが、王様を相手に、仲間たちに助けられながら、大活躍するお話。まめたろうの心臓に火やきつねが入り込むなど、意表をつく冒険が楽しいお話です。

話し方のポイント

お話の完成度を高めよう

この時期の子どもたちは「お話を聞く」という目的意識がはっきりと自覚できるようになるので、いよいよ本格的にお話の世界を楽しめるようになります。

ですから、語り手も、3、4歳児のときと比べると、お話以外のことに気をとられることが少なくなり、子どもたちとともに、お話の世界に没頭できることが多くなるでしょう。もちろん、個人差はありますので、その点はきちんと把握しつつ、子どもたちとともにお話の完成度を高めていきましょう。

子どもたちの表情を見逃さずに！！

また、この時期の子どもたちは、お話の主人公の喜怒哀楽、心情を理解し、深く共感できるようになります。

子どもたちの表現に気を配っていればよくわかることですが、なかには、恐ろしい場面やひどく悲しい場面で、神経が過敏に反応し、お話が終わっても、その気持ちだけが残ってしまうような子どもも、まれに見られます。お話の活動のあとで、個人的にきちんとフォローできるよう、お話の間も、子どもたちのちょっとした表情を見逃さないようにしましょう。

実 践 例

【 7羽(ななわ)のからす 】

<お話>

①昔、あるところに、7人の息子をもつ夫婦がおりました。けれども、夫婦には、娘がひとりもいなかったので、いつも女の子がほしい、ほしいと思いながら、暮らしていました。

ところが、しばらくして、おかみさんにまた子どもができることになり、②それが、この世に生まれてみると、願いどおりのかわいい女の子でした。

親たちは、たいへん喜びましたが、③その子は弱々しい、小さな子で、今にも死にそうに見えたので、急いで④洗礼を受けなければなりませんでした。

父親は、息子たちに、大急ぎで泉へ行って、洗礼に使う水を汲んでくるように、と言いつけました。けれど、7人の男の子たちが、われ先に水を汲もうとしたので、つぼは泉の中へ落ちてしまいました。⑤男の子たちは、途方に暮れてその場に立っていました。だれも、家へ帰る勇気が出ませんでした。

⑥いつまでたっても息子たちが帰ってこないので、父親は、いらいらして言いました。「あいつら、遊びに夢中になって、大事な用事を忘れてしまったんだな。しょうのない奴らだ!」

そのうち、父親は、女の子が洗礼も受けずに死んでしまうのではないかと、心配でたまらなくなり、腹立ちまぎれに叫びました。

⑦「役立たずのぼうずどもめ、みんな、からすにでもなるがいい!」

すると、その言葉が終わるか終わらないうちに、⑧頭の上で、ばたばたと羽ばたきの音が聞こえ、見上げると、まっ黒なからすが7羽、空高く飛び去っていくのが見えました。

父親は、いまさらこの呪いの言葉を取り消すことはできず、7人の息子たちを失ったことを悲しみましたが、それでも、小さな娘がいてくれるおかげで、どうにか心を慰めることができました。

⑨やがて、その娘は大きくなるにつれ、日増しに美しくなってい

<話し方のポイント>

①ゆっくりと、ていねいに題名を言う。そのあと少し間をおいてから、静かに語り出す。

②喜びを感じながら、明るく。

③語り口も、少し弱々しく、心配そうに。
④もしも、子どもに「洗礼ってなあに?」と聞かれたら、「神さまに、生まれてきておめでとうってお祝いしてもらうことよ」と伝えたらよいでしょう。

⑤息子たちの困惑した思いを感じながら、沈んだ調子で。
⑥一呼吸おいてから、一転して強い調子で。

⑦強く、吐きすてるような調子で。
⑧物語のテーマの場面であり、7人の息子たちが、ほんとうにからすになって飛んでいくさまがはっきりと浮かぶように、ていねいに、情感を込めて語りたい大切なポイント。

⑨時の流れをあらわすように、少し間をおく。

きました。

⑩さて、娘は、長いあいだ、ほんとうは自分に兄さんたちがいることを知らずに暮らしていました。親たちが、娘のまえで、兄さんたちのことを言わないように気をつけていたからです。

ところが、ある日のこと、娘は、たまたまよその人たちが、自分のうわさをしているのを聞きました。それは、あの娘はたしかに器量よしだが、7人の兄さんたちが、あんな不幸な目にあったのも、もとはといえば、あの子のせいなのだ、ということでした。

これを聞いた娘は、たいそう悲しんで、父親と母親のところへ行き、自分に兄さんたちがいたというのは、ほんとうか、そして、その兄さんたちは、どこへ行ってしまったのか、とたずねました。

そこで、親たちも、もうこれ以上、そのことをかくしてはおけないと思い、すっかり話してやりました。しかし、兄さんたちにふりかかった不幸な出来事は、みんな神さまのおぼしめしで、決して、おまえのせいではない、と言って聞かせました。

けれども、娘は、それからというもの、兄さんたちのことが心から離れず、なんとかして、自分が、兄さんたちを救わなければならないと考えるようになりました。

そして、とうとうある日のこと、こっそりと家を抜け出し、広い世の中へ、兄さんたちをさがしに出かけました。⑪たとえ、どんな苦労をしても、兄さんたちを見つけ出し、呪いをといてあげようと決心したのです。

そのとき、娘が持って出たのは、⑫親たちの大切にしている小さな指輪をひとつ、おなかがすいたときのためにパンをひとかたまり、のどがかわいたときのために小さなつぼに水をいっぱい、くたびれたときの用意に小さな腰かけをひとつ、たったそれだけでした。

さて、娘は、⑬どんどん、どんどん歩いて遠い世界の果てにやってきました。

はじめに、娘はお日さまのところへ行き、兄さんたちの行方（ゆくえ）を聞こうとしました。⑭ところが、お日さまはたいそう熱くて恐ろしい人で、小さな子どもをむしゃむしゃ食べていました。

娘はこわくなり、急いで逃げ出して、今度は、お月さまのところ

⑩以下、しばらく、動的変化がなく、説明が続くので、淡々と落ち着いて語る。

⑪兄さんたちを助けてあげたいという娘の強い意志をあらわすように、一言一言を大切に力強く。
⑫それぞれのあいだに、一呼吸おいて、間をおき、ていねいにはっきりと伝える。

⑬強い意志をあらわすように「どんどん、どんどん」を強調する。

⑭声をひそめるような気持ちで、不気味な感じをだす。

へ走って行きました。⑮ところが、お月さまはとても冷たくて、意地悪な人でした。娘に気づくと、「くさいぞ、くさいぞ、人くさい」と言いました。

⑮鋭く、とがった感じで。

　そこで、娘は、またもすばやく逃げ出し、最後にお星さまのところへ行きました。お星さまたちは、一人一人、それぞれ自分の小さないすに腰かけていました。そして、娘に、たいそうやさしく、親切にしてくれました。あけの明星がいすから立ち上がると、娘に、ひなどりの骨を1本くれて言いました。

⑯「このひなどりの骨で、ガラスの山のとびらをあけなさい。おまえの兄さんたちは、そのガラスの山の中にいるのですよ」

⑯やさしく、あたたかい感じで、ゆっくりと。

　娘は、ひなどりの骨を受け取り、大事に布につつむと、またどんどん歩いていきました。

⑰やがて、ようやくガラスの山につくと、お星さまの言うとおり、山のとびらは閉まっていました。

⑰場面展開、間をおいてから。

　そこで、娘が、あのひなどりの骨をだそうと思って、布を開いてみると、⑱なんと、中はからっぽでした。娘は、親切なお星さまの贈り物を、どこかへなくしてしまったのです。どうすればいいのでしょう。兄さんたちを救い出したいと思っても、あのひなどりの骨がなければ、ガラスの山へは、入れません。

⑱びっくりした様子で。「なんと」と「からっぽ」を強調するように。

　やさしい娘は、しばらくじっと考えたあと、ナイフを取り出すと、⑲自分の小さな指を1本切り落として、とびらにさしこみました。すると、とびらは、うまくあきました。

⑲残酷に思える場面だが、あっさりと、さらりと語る。

　娘が中へ入っていくと、小人が出迎えて、⑳「じょうちゃん、何をおさがしだね？」と声をかけました。「兄さんたちをさがしているんです。兄さんたちは、7羽のからすなんです」と娘は答えました。「からすの殿方は今おるすじゃ。こちらへ入って、お待ちなさい」　こう言うと、小人は、7つの小さなお皿と、7つの小さなさかずきに入れたからすたちの食べものを運んできました。

⑳ゆっくりと、低いトーンで。

㉑小さな娘は、おなかがすいていたので、どの皿からも一口ずつ食べ、どのさかずきからも、一口ずつ飲みました。そして、いちばんおしまいのさかずきの中に、自分が持ってきた親たちの指輪を落としておきました。

㉑娘の一つ一つの動作が、子どもたちにイメージしやすいよう、ていねいに語る。

㉒そのとき、突然、ばたばたという羽ばたきの音が聞こえ、から

㉒一呼吸おいてから、クライマックスへ向けて、抑揚をつけて力強く語る。

すたちが、空を切って降りてきました。

㉓「さあ、からすの殿方のお帰りじゃ」と、小人が言いました。

やがて、からすたちは、それぞれ、自分のお皿やさかずきをさがして、食べたり、飲んだりしようとしましたが、お皿や、さかずきの様子が違うことに気づいて、口々にこう言いました。「おや、わたしのさかずきから飲んだのは、だれだろう」

そして、7番めのからすが、自分のさかずきを飲みほしたとき、そこから、小さな指輪がころがり出てきました。よく見ると、それは、なつかしい父さん、母さんの指輪でした。

㉔そこで、からすは、「あぁ、もしも、あのかわいい妹が、ほんとうにここへ来ているのならば、ぼくたちはみんなもとの人間の姿に戻れるのに……」と言いました。

とびらのかげにかくれて、じっと耳をすましていた妹は、この願いを聞くと、さっと兄さんたち、からすの前に出て行きました。

㉕すると、たちまち、7羽のからすは、みんな、もとの人間の姿にかえりました。

㉖そこで、7人の兄さんたちと妹は、お互いかたく抱きあい、大喜びでいっしょに家へ帰って行きました。

㉓「さあ」をのびやかに。娘の願いがいよいよかなうかもしれないという明るい展望を感じながら。

㉔「妹が来てくれたら」という切実な願いを表わすように、「あぁ」に感情を込めて。

㉕大きな喜びを感じながら、明るく。

㉖幸せな結末を喜びながら、ゆっくりと語り終える。

その他、知っておきたいこと!!

縦割り学級の場合

　　一般的に、お話を楽しむときに、縦割り、横割りのどちらが適しているかは、問題ではありません。

　　ただ、子どもたちの発達段階が、個人差を抜きにして、だいたい同じである横割りのほうが、お話を選ぶときには比較的かんたんです。

　　一方、縦割りの場合には、お話選びさえまちがっていなければ、それぞれがその発達段階に合ったおもしろみを見つけ、お互いに刺激反応しあうので、語り手にとっても、聞き手にとっても、より興味深く楽しいときとなるでしょう。

　　この場合、発達差はさほど問題にはなりません。3歳児には、少し長いと思われるお

話でも、縦割り学級で話すと、5歳児の反応に引っぱられ、十分に楽しんで聞けるようになるからです。

また、座る位置も、3・4・5歳と年齢別に区切って座らせるのではなく、小さな3歳児がよく見えるように配慮した上で、5歳児の間（あいだ）に3歳児を座らせるようにすると、子どもたちがうまく反応し合うようになります。

統合学級の場合

さまざまな障害をもつ子どもたちといっしょにお話を聞くときも、それぞれに合った配慮が必要です。

身体的に障害のある子には、その子が一番楽な姿勢で聞けるよう、また、お話に集中できにくい子には、その子が一番安心できる状態、たとえば、手を握っていてあげる、お気に入りの場所を確保してあげるなどを考えましょう。無理におさえつけて、お話の時間が、その子にとって、苦痛の時間にならないよう、許容範囲を広げながら、いっしょに楽しみましょう。

残酷なお話の場合

昔話のなかには、ときとして、子どもには残酷ではないかと思える場面が出てきます。それは昔話の原点＝民俗伝承に起因するものですが、その語り口は、多くのものがあっけらかんとしていて、決して、残虐に、写実的に描かれてはいません。大切なのは、その場面を通して、何を伝えようとしているかでしょう。たとえば、「7羽のからす」のなかで、娘が自分の指を切り落とす場面では、兄さんたちを何としてでも助け出したいという、娘の純粋な強い意志を表しています。それは、主人公が幸福になる過程で起こる大切な試練なのです。

実際に、子どもたちはこの場面で、自分の指を押えて顔をしかめたり、驚いた表情を見せますが、それは一瞬のことで、すぐにお話の続きに引き込まれていきます。

物語のなかで、それが必然性のある場面であるなら、恐れずにあっさりと語りましょう。

さらに、学びたい人へ!!

『おはなしのろうそく1〜23』 東京子ども図書館編／東京子ども図書館／1987〜1999

　各巻に約5話のお話が掲載されています。対象年齢・時間・お話のポイントがわかりやすく書いてあるので、お話選びの役に立ちます。

『たのしいお話・お話を子どもに』 松岡享子／日本エディタースクール出版部／1994

『たのしいお話・お話を語る』 松岡享子／日本エディタースクール出版部／1994

『たのしいお話・お話ーおとなから子どもへ　子どもからおとなへー』 東京子ども図書館編／日本エディタースクール出版部／1994

　東京子ども図書館でのお話の講習会のポイントをまとめた本。上から、お話の理論篇・お話の実践篇・実践活動の証言集となっています。どれも、たいへんわかりやすく、お話を勉強するときに必読の書です。

『子どもたちをお話の世界へーストーリーテーリングのすすめー』 アイリーン・コルウェル／こぐま社／1996

　長年にわたり、イギリスでお話を語り続けてきた著者によるストーリーテリングの入門書。著者のお話に対する信念と愛情が伝わります。

『新訂　お話とその魅力』 相馬和子他／萌文書林／2002

　お話の魅力からはじまり、子どもの発達段階に応じたお話が数多く掲載されています。それぞれに、話し方のポイントが解説してあるので、参考になるでしょう。

『親と子の心をつなぐ　世界名作おはなし玉手箱・語りきかせお話集』 斎藤チヨ／すずき出版／2000

　世界の昔話・童話のなかから、語り聞かせにぴったりの名作が37話おさめられています。内容別・季節別の目次に別れていて、おおよその時間、簡単な話し方のポイントが書かれており、役に立つでしょう。

『幼児のためのよみきかせおはなし集　1巻〜4巻』 西本鶏介／ポプラ社／2001

　世界の名作として広く親しまれているお話が各巻15話ずつ掲載されています。どのお話もすぐれた作品ですので、定番としていくつか覚えておきたいものです。

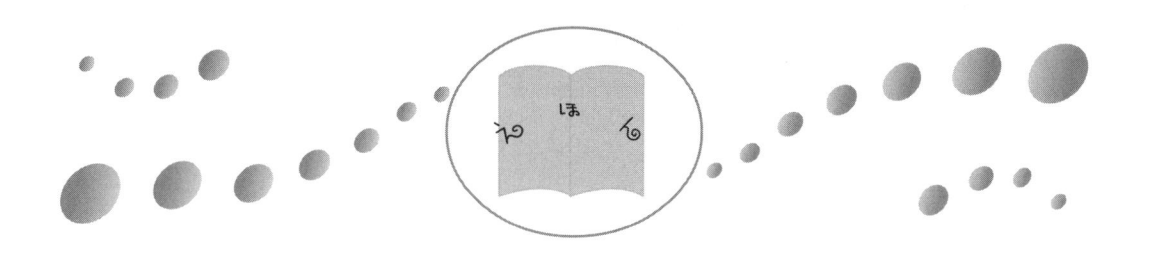

絵 本

絵本の魅力

　絵本は、絵と文章とが一体となることによって生まれたお話の世界です。子どもたちは自分の目を通して絵本の絵を読み、そして、自分の耳を通して語られた文章を聞くことによって絵本の世界を体験していくのです。それは、昔から語り続けられた昔話の世界であったり、ドキドキするような冒険の世界であったり、自分と似たような境遇の主人公の日常生活であったり……。絵本の世界には、子どもたちのさまざまな気持ちや願いを十分に満足させるために十分な奥深さと広がりが備えられています。子どもはそうした絵本の世界に一人で入り込むこともできますが、保育者が集団の前で語ることによって、友達といっしょにその世界を共有することもできるのです。

　保育の場面では、絵本の読み聞かせが日常的に行われていますが、それは単に子どもを喜ばすための道具として使われているのではなく、絵本がもつ世界を子どもたちと共有し、その楽しさや不思議さ、悲しさ、偉大さを共に味わっていくことの素晴らしさを伝えていくことが大切にされているのです。

絵本の読み聞かせを行うときに

絵本は本来、集団で見るようにつくられたものではない

　絵本は、もともと大勢でいっしょに見るようにつくられているものではありません。親や保育者のひざの上で読んでもらう、ふとんの中に入り、寝るまえに読んでもらう、または1人でページをめくり、読んでいく……。また、絵をじっくりながめ、細かいところまで描かれていることを楽しむというのが本来の読み方です。

　そのため、どんなにすばらしい絵本であっても集団で読み聞かせるのにはふさわしくないものもあることは事実です。たとえば、ビアトリクス・ポターの『ピーターラビットのおはなし』のシリーズは、小さな子どもの手のひらにぴったりの小型絵本で"絵本の宝石"といわれる美しい絵本です。しかし、この絵本を何十人の子どもを前に読み聞かせると「見えない！　見えない！」の大合唱が予想されます。こうした絵本は1対1でスキンシップを楽しみながら読み聞かせてあげたい絵本です。

　絵が見えやすいように配慮すれば、ほとんどの絵本は集団で楽しめるでしょう。また、『おおきなかぶ』（福音館）の「うんとこしょ、どっこいしょ」をみんなで声をそろえながら楽しんだり、『どろんこハリー』（福音館）のラストの部分である、ハリーがどろんこを洗い落としてもらって、家族にハリーが帰ってきたのだと認めてもらえる場面を、友達と顔を見合わせながらほっとする喜びは、集団でなければ得られない絵本の読み聞かせの喜びであり楽しみなのです。

絵本の形や大きさについて

　絵本は正方形、縦長、横長、大型、小型など、形や大きさがバラエティに富んでいることにお気づきになった方はいらっしゃるでしょうか？　これは、その絵本が表現したい世界を最大限に生かすためにつくられた形であり大きさであるからなのです。D．ブルーナーのうさこちゃんシリーズ（福音館）は、絵は簡潔にデザインされており、輪郭も黒ではっきりと書かれているうえ、色も鮮やかであるために、幼い子どもであっても非常に見やすく親しみがもてます。そして、16センチ角の正方形の小さな絵本としてできあがっているところにうさこちゃんの絵本がもつ世界がうまく調和して表現されています。また、オルセンの『つきのぼうや』（福音館）の絵本は非常に細長い形をした絵本ですが、これは主人公のつきのぼうやが月から地上に降りてくるまでの長い距離を表わし、その途中で出会う多くのものとの出会いを表すためにふさわしい形になっているのです。

絵本のはじまりは表紙

　絵本のはじまりを、文章がはじまるところだと思っている方は現場の保育者のなかにも多いのですが、絵本のはじまりは表表紙(おもて)の絵であることを忘れないでください。子どもは絵本の絵を読み、語られる文章を耳で聞くことによって絵本の世界を理解していきます。そのため、表紙の絵や中表紙の絵はすでに物語の一部として描かれています。ですから、絵本の題名を読みながら表紙の絵をたっぷり見せてあげてください。また、表表紙と裏表紙がつながって1枚の絵になっているものも多いので、その場合にはとじを開いて絵を子どもに見せてあげましょう。また、表表紙からストーリーがはじまるまでに白紙のページがはさまれている絵本もたくさんありますが、これもお話がはじまるまでに必要な間として白紙のページをめくる時間が組み込まれています。ゆっくりめくり、お話の世界に入っていくための時間をつくりましょう。そして、絵本の文章が終わったからといって「はい、おしまい」というのではなく、同じように最後まで1ページずつめくりながら余韻を楽しむ時間を取り、最後の裏表紙の絵をゆっくり見せてあげてください。裏表紙に描かれた絵がその絵本のお話の最後です。表表紙と裏表紙が1枚になっている場合には、もう一度とじを開いて最初と同じ絵を見せてあげてから「おしまい」と語りましょう。

見開きに1つの場面や複数の場面

　ページをめくるごとに場面が変わる『はなをくんくん』(福音館)のように、見開きごとに両面を使って一場面にしているものもあれば、『いばらひめ』(ほるぷ出版)のように片面が文、片面が絵というものもあります。また、『どろんこハリー』(福音館)は、絵が片面であったり両面にわたったりしています。いずれにしても、見開きに1つの場面というのは、絵を見せて語るには好都合です。それでは見開きに2場面以上の絵があるものは、どうしたらいいでしょう？　1つの方法として、読んでいる文章に合う絵を指で示しながら読むというやり方があります。これだけでも子どもたちはどの絵をみればよいのか混乱しません。もう1つの方法は、1ページごとに絵と文章がかかれている場合には、読んでいないほうのページをその絵本に合う無地の色画用紙（薄ピンクや水色などあまり強くない色やその絵本の下地になっている色）で隠しながら読むという方法です。どちらでも、自分のやりやすい方法で試してみてください。

文のない場面について

　『しまふくろうのみずうみ』(福武書店)では、「いまだ！　めがかがやき　おともなくちかづくと　するどいつめで」と文があり、次の見開きページいっぱいに、しまふくろうがさかなをとらえた瞬間の絵が描かれています。湖面に接触した水音、魚のあばれてはねる水しぶ

きが目に見えるような、ドキッとする画面……。低空飛行になってきたふくろうのスピードが増す前ページは、早い口調で読み、その瞬間はサッとめくって、この大画面を数秒間静止させ、子どもたちが劇的瞬間を受け止められるようにしましょう。このときに、子どものまえに絵本を近づけて一人一人に見せてあげるくらいのゆとりがあってもよいものです。子どもは絵を読んでいるのだということに配慮があれば、こうした絵だけの場面がいかに重要かがおわかりいただけると思います。

子どもにそった絵本を選びましょう

　詳しい絵本の選び方のポイントは、各年齢ごとに書いてありますので、そのページを参照してください。ここでは、全体的に気をつけたいことだけ述べておきます。

　まず、1番大切なのは、今どのような状態の子どもたちに読んであげるのかということです。年齢、クラスの人数（男女の数）はもちろんのこと、保育の流れとの関連性に気をつけてどのような時間に読むのかを理解しましょう。さらに「子どもたち自身」という中心軸にも目を向けましょう。今、どのような遊びに夢中になっているのか、どのようなことに驚いたり感動したりしているのか、クラス全体で取り組んでいることにはどんなことがあるのかなどです。

　そのようなことを基本として、実際に絵本を手にとってみましょう。そして、実際に読んでみてあなた自身がおもしろさを感じたり感動したりすることもとても大切です。読み手の声には、自然に読み手の気持ちが込められてしまうために、どんなによい本だと言われている本であっても読み手が感動することなく与えたのであれば、そのよさは伝わりません。あなた自身の目と心で絵本を選ぶということが大切でしょう。

　最近では数多くの絵本が出版されていますので、大きめの本屋さんや地域の図書館の児童書コーナーに出かけてみるといいでしょう。ときには児童図書専門の図書館や本屋さんに行ってみるのもいいかもしれません。

絵本の読み聞かせの練習をしましょう

　絵本を選んだら読み聞かせの練習をしましょう。

　①まず、絵を十分にながめながら下読みをする。このときに、ページの欠損や汚れがないか確かめましょう。

　②実際に声を出して読んでみる。せりふの部分はあまりオーバーな表現にする必要はありませんが、それなりの雰囲気をつかんで読むことが大切です。

　③絵本の開き癖をつけましょう。とくに新しい絵本ですと開き癖がついておらず、持ちにくく、子どもにも見づらくなってしまいます。

絵本の読み方（場所と持ち方）

　子どもがいすに座っているときには、読み手は立つか少し高めのいすに座りましょう。子どもが床に座っているときはいすに座って読みます。

　両端の子どもが見えるよう子どもの座る列を扇形にしましょう。どの子どもからもよく見え、よく聞こえるか、はじめるまえに確かめておくとよいでしょう。

　片手で本のとじのところをしっかり持ち、からだを開き、手のそばに持ってくると安定します。

　ページをめくるときはできるだけ手を絵本の上か下かにかけて腕で画面を隠さないように気をつけましょう。（イラスト参照）

　また、読み手の後ろに廊下や窓があって、人が通る姿や他のクラスの子どもが遊んでいる姿が見えると子どもたちの注意がそれてしまいますので、読み手の後ろは壁やカーテンであるというのが基本です。また、絵本が太陽の光や電気の光に反射してしまったり、子どもの目に直接太陽光線が入らないようにするなど環境を整えましょう。

導入と終わり方

　「さあ、絵本を読みますよ！」と声をかけ、子どもたちがすぐに絵本に気持ちを向けてくれることもありますが、ときにはいつまでたっても落ち着かないときがあります。そのようなときに、かんたんな手遊びをして子どもたちが保育者に集中してから読みはじめるという手段はよく使われますが、こればかりを行うと「手遊び＝静かにさせるための手段」となってしまいます。子どもたちの状況をよく見て導入を工夫しましょう。

　みんなで歌をうたって子どもたちの気持ちがそろったところで、絵本の読み聞かせをはじめるというのもよいものです。絵本と歌の内容に共通点があれば、活動のつながりがよりスムーズになります。また、絵本の内容に関するかんたんな話を導入として使うのも一般的です。そのときは子どもが絵本への期待が高まるように簡潔にまとめ、くどくならないように気をつけましょう。子どもは話が長いと待ちくたびれてしまい、絵本に対する期待がそがれてしまうことがあるからです。きれいな色の布や風呂敷で絵本を包み「今日読む絵本はこのなかに入っています」と話し、子どもに期待をもたせながらゆっくりと包みを開ける、きれいな鈴や鐘を小さく鳴らして絵本のはじまりを知らせる、などもひとつのアイデアです。

　読み終わった後は絵本を楽しめる静かな時間をとりましょう。そのときに子どもが感想を伝えてきたら聞いてあげることは大切ですが、保育者が無理やり感想を言わせたり、教訓めいたことを言うことは避けましょう。あくまでも絵本の批評は子どもに任せましょう。

こんなとき、どうする!? －よく起こるトラブルへの対処－

Q．途中で、自分の話をはさんでくる子ども……。

A．「うちんちはね、朝ご飯は、パンとスープとネ……」と、いろいろ話しはじめる子ども。きっと絵本の場面から自分の家でのことを話したくなってしまったんでしょうね。目で合図をしてうなずき「絵本がおわったらゆっくり教えてね」と小さな声で答えてあげ、今は、絵本を見ている時間だということを思い出させてあげましょう。そして、読み終わったあとで、かならず約束は守って「さっき何がお話したかったの？」と声をかけてあげましょう。なかにはもう忘れてしまっている子どももいますが、自分の発言を覚えていてくれたというだけで子どもたちはうれしく思います。

Q．「見えない」と言われたら？

A．できるだけ絵本を中断せず、「こちらへどうぞ」と手招きをしてさりげなく移動させるとよいでしょう。また、本当に見えないのではなく友達につられて「見えない」と言っている子どもや、見えるのだけれど1番前で見たい、もっとよく見える場所で見たいという気持ちを「見えない」という言葉で表現している子どももいます。「これで見える？」と少し絵本を高く持ち上げたり横にずらすことで、自分の発言が受け入れられたと満足する場合もあります。

Q．「聞こえない」と言われたら？

A．声が届いていないときには、一瞬話をやめてみましょう。あれ？　と子どもの視線と心が話し手に向いたら、おなかからゆっくり声を出して見ましょう。あせったりあわてた気持ちでいると声がよけいに通りにくくなります。読む人が、この絵本はおもしろいよ、いっしょに絵本の世界に入っていこうよという気持ちをもっていれば、声にもその自信が込められ、大声は出さなくても子どもに届くものです。

Q．隣りの子と話したり、ふざける子がいるときは？

A．絵本の世界の扉が今開かれ、そこに入ろうと思いを注いでいる子どもたちもいるのですから、「○○ちゃん、静かにして！」の叱り声で中断はさせないでください。上記の「聞こえない」と同様、一瞬読むのをやめて、その子をじっと見る。まだ気づかず話していても、まわりの子が気づいて注意してくれることもあります。また、もしその子に触れられる位置でしたら、頭にそっと手をのせ、目を見つめる。あるいは絵本の絵をその子の目の前に示してよく見せてあげるなど、排除するのではなく、こちらに引き込むようにしていくのです。

3歳児と楽しむ　絵本

選ぶときのポイントと作品紹介

基本的なこと

　個人差はありますが、話す、聞く力は2歳児時代よりずっとパワーアップし、絵本の読み聞かせが楽しめるようになります。題材としては、子どもたちにとって身近なもの・よく知っているもの・大好きなもの、お母さん・動物・幼稚園（保育園）・食べ物・花や木や虫たち、などから選んでいきましょう。「おなら」「うんち」「おっぱい」などの言葉が出てくると、喜びますから、その言葉から科学の芽の第一歩をはじめてもよいでしょう。長い物語を最初から欲ばらず、短い絵本をゆっくり読んであげること、絵もたっぷりと見せてあげましょう。ディック・ブルーナ作のうさこちゃんシリーズ（福音館）のように簡潔なストーリーで、絵も明るくはっきりとした色彩で描かれている絵本は、この時期はとても親しめるようです。

物語・創作絵本では

　起承転結を楽しむよりも、まずは、単純な繰り返しの出てくるものをさがしてみてください。『3びきのやぎのがらがらどん』(福音館)の「だれだ、おれの橋をがたごとさせるのは！」や、『てぶくろ』(福音館)の「そこにいるのはだーれ？」は、子どもたちもすぐに覚えていっしょに言ってくれるでしょう。また、『おでかけのまえに』（福音館）のように、子どもたちが日常生活のなかで体験していることを語ってくれる絵本も、子どもたちに親しみ深く感じられることでしょう。

昔話・民話絵本では

　昔話や民話は、もともと繰り返しが使われているストーリーが多いので、3歳児にも親しみやすいものがたくさんあります。絵が見やすく、また1冊を読み終わるまでの時間があまり長くならない（10分以内）ものを選びましょう。『ももたろう』（講談社）は、犬、さる、きじと仲間が増えていって、鬼を退治して帰ってくるという昔ながらのお話ですが、現代の子どもたちも大好きな絵本の1つです。

科学の絵本では

　子どもたちはよく知っている自然界のもの、さわり、食べ、においをかいだことのある身近なものには興味をかき立てられます。『いちご』（福音館）には、冬を越えていちごが実るまでが描かれていますが、「たべた〜い！」と画面に手を出す子がいるほど美しい絵です。また、『どうぶつのおかあさん』（福音館）を見ると、動物の種類によって子の扱い方が違うことが楽しみながら理解できます。『みんなうんち』（福音館）のように、ユーモラスな絵と文に大喜びしながら、体のしくみに興味をもっていけるのもすばらしいことだと思います。

言葉遊びの絵本では

　こころよく耳にとびこんでくる音やリズム、思わず言ってみたくなるような楽しい言葉に、たくさん出会わせてあげたいころです。『もこもこもこ』（福音館）、『ころころころ』（福音館）では、音と絵の調和が見事に子どもの心にすうっと入ってきます。また、『たべもの』（福音館）の「ほこほこさつまいも」、「ぱりぱりたくあん」のような音の楽しみや、『おひるのアヒル』（ＰＨＰ研究所）、『いっぽんばしわたる』（絵本館）のように、子どもが大笑いしながら言葉と自然に仲よくなれるものもあります。『これはおひさま』（福音館）の谷川俊太郎さんの詩は子どもの心にここちよく響きながら、生命のサイクルをうたいあげてくれます。

作品紹介

『あおくんときいろちゃん』
　レオ・レオーニ 作絵／至光社／1967

　あおくんときいろちゃんは大の仲良し。あんまり仲がいいので、ある日２人は１つになって、緑になってしまう。子どもの心にとびこんでくる、明瞭な色彩と言葉が楽しい本です。

『てぶくろ』
　ウクライナ民話／うちだりさこ　訳／福音館／1965

　冬の森、おじいさんが落としたてぶくろに、くいしんぼねずみが住みつきます。次々に、「入れて」とやってくる動物たち。リズミカルな会話文と美しい絵が、子どもたちの心を温かくしてくれます。

『しゅっぱつ　しんこう！』
　山本忠敬　さく／福音館／1982

　お母さんとみよちゃんは、特急列車に乗り、おじいさんの家へ行きます。急行に乗り換え、普通列車に乗り換え、おじいさんの待つ駅へ。乗り換えるたびに「しゅっぱつしんこう！」と子どもたちが、いっしょに声を上げるかもしれません。出発した駅のデジタル時計と、到着の駅の時計の針の進み方、途中すれちがう列車や風景など、乗り物好きの子どもたちがワクワクすることでしょう。

『ねずみくんのチョッキ』
　なかえよしお　さく／上野紀子　絵／ポプラ社／1974

　「いいチョッキだね、ちょっときせてよ」「うん」「すこしきついが、にあうかな？」のやりとりを繰

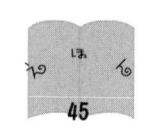

り返しながら、だんだん大きな動物がチョッキを借りていきます。ぞうの着たあとのチョッキを見た、ねずみ君の飛び出た目、そして打ちひしがれてトボトボ歩く姿に同情する子どもたちも、次のページを見るとホッとして、大笑いすることでしょう。

『みんなうんち』
五味太郎さく／福音館／1977

子どもたちの笑う顔が、表紙を読んだとたん、聞こえてきそうです。「おおきいぞうはおおきいうんち、ちいさいねずみはちいさいうんち」……。字まで小さくなっていたり、「これはうそ！」と大きく入っていたり……。子どもたちが大笑いしながら、「いきものはたべるからみんなうんちをするんだね」と、大切なことを学びとるでしょう。うんちが「汚いもの」ではなく、親しみ深いものになってしまう不思議で楽しい絵本です。

『はけたよはけたよ』
かんざわとしこ　ぶん／にしまきかやこ　え／偕成社／1970

ひとりでパンツがはけないたつくん。はだかのおしりで外へ出たら、動物たちに笑われてしまいます。尻もちついて、汚れたおしりで帰ったら、お母さんはズボンをぬっていました……。1人でできるようになるのは、ちょっとした拍子に！　そのタイミングがだれにでも思い当たる、心がホッとする絵本です。

読み聞かせ方のポイント

ゆっくり、はっきり読む

子どもたちは、絵と読み手の声に導かれて、絵本の世界を旅していきます。とくに3歳児は言葉の発達に個人差が大きくありますから、お話がよく理解できる子あり、はじめての言葉に出会って雰囲気から意味を察している子ありとさまざまです。どの子どもにもお話がよく届くように、早口にならないよう、心配りしてください。

会話文はその者になりきって

新しい登場人物が次々に加わる繰り返しの物語は楽しくて喜ばれます。とくに、だんだん大きい者が登場するときは、声色を変えたり、重々しい声や低い声、ゆっくり読むなどのバリエーションをつけるとおもしろいですが、狼や鬼やトロルなどの声を必要以上に恐くすると泣き出してしまう子も出てくるので、あまり力を入れ過ぎないようにしましょう。

子どもの知らないものへの心配りをする

昔話などで、子どもの知らない言葉が出てくるときがあります。「おどうというのは……」「ひたいってネ……」と、いちいち話を切って説明するのではなく、その絵が描かれていれば、指で「これですよ」と指し示してあげるほうがよいでしょう。

4歳児と楽しむ　絵本

選ぶときのポイントと作品紹介

基本的なこと

　話す力や聞く力が増すだけでなく、自分なりにイメージする力や知ろうとする力がついてきますので、いよいよ物語絵本をどんどん読んであげたい時期です。絵本の主人公といっしょに出かけたり、いたずらをしたり……。絵本のなかで子どもたちはドキドキ、ワクワクしたり、あるときは心細さと淋しさに凍りつくような気持ちになったりと、絵本のなかでさまざまな感情を体験しながら成長する姿を見せてくれるでしょう。

　自分の知りたいことがはっきりしてきて、たとえば乗り物好きな子は、もっと新しい車種を知りたいと興味をもって、科学絵本や図鑑などをさがすこともあります。

　昔話絵本も、長いストーリーを楽しめるころです。昔話は再話をした人のアレンジの仕方によって、話の長さや内容が違ってきますし、また挿し絵もさまざまです。たくさんの本からふさわしいものを選んでみましょう。

　言葉に対する興味も広がり、『3びきのくま』（福音館）の主人公であるミハイル・イワノビッチやナスターシャ・ペトローブナという長い名前にも、おもしろさや響きの美しさを感じるようになります。また、絵本が好きな子は、1人でも読もうとしているので、ピーター・ラビットのように集団で読むにはあまり適さない大きさの本なども、絵本のコーナーに置くなどして自由に手に取れるようにしておきましょう。

物語、創作絵本では

　園生活においても安定して、自信もついてくる4歳児時代。『はじめてのおつかい』（福音館）や『こすずめのぼうけん』（福音館）のように、1人でやってみようと出かけていく冒険と挑戦のお話は彼らの心にぴったりくるのではないでしょうか。本当の冒険に出かけていく力はついておらず、夜になって疲れて途方にくれるこすずめが、お母さんのところに帰っていくという結末は子どもたちの心をホッとさせます。想像力を育み、また、お話のなかでさまざまな体験ができるような、笑いあり涙ありの物語を見つけましょう。

昔話、民話絵本では

『かさじぞう』（福音館）では、六地蔵に、「はだかでゆきかぶってさぞさむかろう」と売りものの笠だけでなく自分の笠までかぶせるおじいさん。そのことを責めないおばあさん。そのお礼に、正月のしたくの品々を運んでくるお地蔵様たち。また、『きつねのよめいり』（福音館）では、おさとぎつねを自分の子どものように愛し育んだおじいさんに、婚礼の引出物を届ける親ぎつね。人間や動物の温かい心遣いや恩返しという自分の受けた恩をきちんと返すという礼儀正しさが、子どもの心に温かい思いとして湧き上がることでしょう。

一方、欲ばることの恐ろしさとその報いを、教えてくれる昔話『花さかじじい』（講談社）、『はなたれこぞうさま』（東京 教育画劇）、『かちかち山』（講談社）等もよいでしょう。ただし、このような絵本を読んだあとに、「○○ちゃんはこの間××ちゃんのおもちゃをとっちゃったから、悪いおじいさんと同じね」などと言って、子どもが絵本からもらった楽しさを奪い取るような発言はやめましょう。

科学の絵本では

Sちゃんは虫が大好き。Mちゃんは車の名前いっぱい知ってる。子どもの「もの知りはかせ」が登場するころです。子どもたちの興味や好みがはっきりしてきて、絵本のなかでいっしょに調べて楽しめるときです。福音館の『はじめてであうずかんシリーズ』の、けもの・さかな・とり・しょくぶつ・こんちゅうなどは、取り組みやすいでしょう。子どもの要求に応じながら、新しい種類やくわしい事柄にふれていけるものがよいと思います。また、行事（動物園への遠足やいもほり）や球根や種を植えることなど、子どもたちが日常の保育のなかで体験したことをタイミングよくのがさずに、『じめんのうえとじめんのした』（福音館）などの科学の絵本を読むと、さらに生き生きした体験となるでしょう。

言葉遊びの絵本では

言葉にも文字にも興味がどんどん湧いてくるこの時期に、楽しい絵本がいろいろあります。『ぞうからかうぞ』（リブロポート）では、「マントヒヒとんま」「クマねたらたねまく」のように、上から読んでも下から読んでも同じになる文章が集められました。『ころころラッコ コラッコだっこ』（リブロポート）は、昔からある早口言葉に挑戦して、新しい早口言葉が楽しめます。また、『ふしぎなナイフ』（福音館）では、ふしぎなナイフが……「まがる」、「ねじれる」、「おれる」、「われる」、「とける」と変化します。言葉とともに、絵の変化は胸がつかれるような鮮明さです。

『かっぱかぞえうた』（福音館）では、「ひとつひめゆり、ひょっこりかっぱ、ふたつふしぐろ、ふたごのかっぱ」と子どもたちが喜んで口ずさむ風景が目に浮かぶような歌がのってい

ます。意味をわからせるのではなく、言葉のリズムを楽しめる魅力的な絵本をさがしてください。

『めのまどをあけろ』（福音館）は、「めのまどあけろ、おひさままってるぞ」と子どもの1日を楽しい詩とリズムで追っています。

作品紹介

『はじめてのおつかい』
筒井頼子 作／林明子 絵／福音館／1998

5歳のみいちゃんは、はじめて1人で牛乳を買いに行きます。途中、いろいろ困ったことが起こるのですが……。はじめての体験が子どもの視点でリアルに描かれ、みいちゃんになりきった子どもたちの落とした100円玉を見つけるまなざしが、必死になっているほどです。

『こすずめのぼうけん』
ルース・エインタース 作／堀内誠一 画／石井桃子 訳／福音館／1976

少し飛べるようになった子すずめは、お母さんの言うことを聞かずに遠くまで出かけます。ところが飛び疲れて休みたくなりますが、ほかの鳥たちは巣に入れてくれません。好奇心いっぱいの子すずめを応援しながら、子どもたちは無事に帰れるように、ハラハラと見守ってくれるでしょう。

『わたしのワンピース』
にしまきかやこ 絵文／こぐま社／1969

真っ白なきれでワンピースをつくったうさぎは散歩に出かけます。すると、ワンピースは、花模様や夕焼け模様と次々に変わります。「ラララン、ロロロン」のリズムと「にあうかしら」の問いかけがかわいらしく、子どもたちの心を引きつけます。

『かさじぞう』
瀬田貞二 再話／赤羽末吉 画／福音館／1966

びんぼうなおじいさんとおばあさんが、編み笠を作って生計を立てていました。おおみそかの市で、1つも笠が売れなかったおじいさんは、帰り道で雪だらけのおじぞうさんに出会います。おじいさんは笠を全部おじぞうさんにかぶせ、1つ足りない分は、自分の笠をかぶせます。正月の朝の明け方に、お礼の俵が届いたという心温まる昔話です。

『まっちうりのしょうじょ』
藤田圭雄文／伊藤悌夫絵／チャイルド本社／1996

はだしで雪の夜にマッチを売る少女。だれも買ってくれず、家へ帰れない少女は、マッチをすります。……すると、明るい部屋、ごちそうののったテーブルが現れるのですが……。石造りの家の並ぶヨーロッパの町の雪の夜の冷たさと静けさが、悲しくも美しいこの物語の背景となって、いっそう人の心を打ちます。

『しょうぼうじどうしゃじぷた』
渡辺茂男さく／山本忠敬え／福音館／1963

はしごしゃ、こうあつしゃ、救急車は消防署のなかで自慢し合う人気者ですが、ジープを改良したじぷたにはだれも見向きもしません。ところがある日、山小屋が火事になり、じぷたの活躍で山火事を防げるのです。小さくても働き者のじぷたに、子どもたちは自分を重ねて、応援することでしょう。

『いたずらきかんしゃちゅうちゅう』
　バージニア・リー・バートンぶん・え／むらおかはなこ　やく／福音館／1961

　汽関車ちゅうちゅうはある日、「もう重い客車をひくのはごめんだ」と考え、1人で走り出します。モノトーンでありながら、線路の周囲の人や景色の動きの力強さ、物語のなかにどんどん引きずり込まれ、ちゅうちゅうが迷いこんだ夜の森の暗さに、心寒くなるほどです。ぴいいい……という汽笛、かんかん！　と鐘の音、ちゅうちゅうしゅっしゅっ！　と走り出す音。子どもたちの胸の鼓動も、いっしょに高鳴るリズムのよさ、ラストで助けられて安心するちゅうちゅうに、子どもたちも心からホッとするでしょう。

読み聞かせ方のポイント

環境づくりに心配りをする

　山あり谷ありの長いお話でも、心おどらせながら同行してくれる子どもたち。それだけに、お話の醍醐味をよく味わえる状況か事前によく配慮してほしいものです。たとえば隣のホールや保育室から合奏の練習の音が響いてきませんか？　前のろうかを移動するクラスはありませんか？　暗く静かな情景を楽しみたいなら、窓のカーテンをひかせてもらうことも担任の保育者に相談してみましょう。また、子どもたち自身が、絵本袋や配布物や上ばきなどいっぱい手にしている週末の降園前は、ついそちらを見たくなったりすることも……。落ち着いた時間と空間を取れるよう、注意してください。

リズミカルな音

　『いたずらきかんしゃ　ちゅうちゅう』では、汽笛や鐘、ブレーキの音、そして、ちゅうちゅうが逃げ出す「ちゅうちゅうしゅっしゅっ！」という音は、この本の心臓の鼓動のようです。子どもたちはこのような音やリズムを体中で受けとって喜びます。子どもたちの心の高鳴りを消さないよう、こういった大事なリズミカルな音を何度も練習して、つっかえることのないように備えてください。

昔話や民話を読むときには……

　「むかしむかし、あるところに……」と語られると、自分のきもちがスッと「昔」の世界に入っていきます。この不思議な心地よさは、「くらしていたと」「しあわせになったとさ」というような温かなおわりの言葉まで続きます。それは、昔からの聞き伝えが自分にも届けてもらえた幸福感でしょうか。あたかも、お年よりが小さい子どもたちに話して聞かせる光景のように、なごやかに、一人一人に話しかけるように、声に出してみてください。

5歳児と楽しむ　絵本

選ぶときのポイントと作品紹介

基本的なこと

5歳児は、言葉の数が増えるだけでなく、「昨日〜だったから、今日〜だ」とか「もしも〜だったら、××だ」というような、時間の流れや因果関係をきちんととらえた考え方や話し方ができるようになります。そのため、起承転結のある絵本の世界に心から楽しんで入り込むことができ、そこで得た体験や感動を素晴らしい吸収力で自分のものにします。また、自分の興味のあることには、大人顔負けのくわしい知識を、本から学びとっている子もいます。

物語、創作絵本では

このころには、弟や妹ができたことの喜びとともに、大好きな両親をとられてしまったような複雑な気持ちを体験することがあります。『フランシスのいえで』（福音館）や『せかい一わるいかいじゅう』（偕成社）には、そうした上の子のつらさと成長が描かれています。逆に、末っ子のつらさを代弁してくれているのは、『ティッチ』（福音館）があります。

また、『ちいさいおうち』（岩波書店）は、時間の移り変わりとともに、自然がなくなり、人々の心までも変わっていきそうになる危うさを教えてくれます。

昔話、民話絵本では

日本古来、だれでも知っている名作の数々、『いっすんぼうし』（福音館）、『うらしまたろう』（福音館）、『かにむかし』（岩波書店）、『くわずにょうぼう』（福音館）など、語り口も楽しみながら読みましょう。素晴しい挿し絵も子どもたちの心に深く刻まれることでしょう。外国のものでも、『ねむりひめ』（福音館）、『王さまと九にんのきょうだい』（岩波書店）など長く親しまれてきた名作を取り入れていきましょう。

科学の絵本では

歯の抜けかわりを体験し、やがて小学校へ行くにあたり、体の大きさなども家族で話題となっているかもしれません。体のしくみや不思議さに興味がかき立てられるものを探してみましょう。『はははのはなし』（福音館）、『おへそのひみつ』（福音館）など、お話仕立てで科

学的なことが理解できる絵本があります。また、遠足で見つけた野の花やザリガニなど、クラスで飼育しているものもあれば、えさを食べること、交尾、やがて生まれる赤ちゃんへの期待など、絵本を通しても生き物への知識や愛する心が育つように導きたいものです。

言葉遊びの絵本では

谷川俊太郎さんの『ことばあそびうた』(福音館)は、「かっぱかっぱらった……」と、一度聞いたらすぐ声に出したくなるような楽しい言葉遊びが繰り広げられています。長い文章を覚えて楽しめる5歳児に、リズムのある言葉遊びを紹介したり、わらべうたになっているものはいっしょにうたいましょう。

また、字を読み、書くということへの興味が深まっていくころです。無理に教えるのではなく、楽しみながら文字への興味をかき立てる絵本がたくさんあります。『あいうえおってどんなかお』(アリス館)などは、音と文字とが共鳴するおもしろさを感じさせられる絵本です。

作品紹介

『ひとまねこざる』
エッチ・エイ・レイ 文絵／岩波書店／1941

おさるのジョージのいたずらには、大人も子どもも笑ってしまいます。どんなにすごいいたずらをしても、ジョージのかわいい笑顔を見ると許せる気持ちになるのは、登場人物も同様でしょうか。

『はなのすきなうし』
マンロー・リーフおはなし／岩波書店／1936

どうしても闘牛になりきれなかったフェルジナンド。元のまきばへ戻され、花のにおいをかぐときの至福の表情。競争がすべてではないと教えられるのは、子どもより大人のほうでしょうか。

『ちいさなおうち』
バージニア・リー・バートン 文絵／岩波書店／1942

1942年に出版されながら、公害、自然破壊の恐ろしさと無念さを訴え、人の心の平和は自然そのものから恵まれていることが強く伝わってきます。子どもたちが自然を愛し、大切にする人に育ってほしいと願いを込めておすすめしたい本です。

『スーホの白い馬』
モンゴル民話／福音館／1961

貧しい羊飼いのスーホは、美しい白馬の子を拾って育てる。白馬は競馬に参加して一等になるが、殿様に取り上げられ、やがて無数の矢を負ったまま、スーホのもとに逃げかえる。モンゴルの雄大の自然が画面いっぱいに広がり、愛するものを失った少年の悲しみが、読む者の心を打ちます。

『かにむかし』
木下順二／岩波書店／1976

『さるかに』と覚えている方もいらっしゃるでしょう。かには大事に育てた柿の実をさるに横取りされたうえ、青柿をぶつけられ死んでしまいます。子がには仲間たちと敵討ちに出かけます。子がにと仲間の問答が楽しく、カラッとした調子が、子どもに人気があります。

『ロバのシルベスターとまほうのこいし』
ウイリアム・スタイグ 作／せたていじ 訳／
評論社／1975

シルベスターは、ある日奇妙な赤く光る小石を見つけます。この小石をひづめにもって願いを口にすると、そのとおりになることを発見した彼は大喜びで家に帰る途中、ライオンに出くわして、とっさに「ぼくは岩になりたい」と言ってしまいます。シルベスターの両親の悲しみと、彼の絶望的な運命にだれもが胸のつぶれる思いにさらされますが、やがて思いもかけぬ展開が起こります……。

読み聞かせ方のポイント

物語のリズムを大切にする

長い物語であっても、読み手の語りが軽やかでリズミカルであれば、子どもは集中して聞くことができます。むずかしい言いまわしは何度か練習して自分なりのリズムをつくっておくとよいでしょう。

「せりふ」がだれのものなのかを明確に話す

登場人物が多くなったり、せりふがつづくと、だれの会話かわからなくなってしまうことがあります。せっかく声の調子を変えても、間違えてしまうのであれば意味がないので、だれの「せりふ」なのかはとくに気をつけましょう。

方言はその温かみを大切に

方言は、各地方の特性をもったものなので、その温かみを大切にして語るとよいと思います。

民話は、人から人へ心をこめた言葉で伝え聞いてこられたものですから、その「語りの心」を大切に、ゆったりと声にしてください。

その他、知っておきたいこと!!

3歳未満児への絵本の読み方

できれば、ひざの上に座らせて1対1で読んであげるなど、温かな心のふれあいの時間にしたいですね。集団で読むときも10人以下が理想です。一人一人のおしゃべりを受けとめながら読み聞かせてあげたいものです。

障害児のいるクラスでの配慮

　みんなが聞いているのに、1人で寝っころがったり、走りまわったり。しかし、寝ていても、言葉は耳に届いているかもしれません。その子独自の反応や行動を「ダメよ」と規制ばかりしないで、様子を見てみましょう。自由遊びやお弁当の後など、1対1で、その子の興味のある題材の本を読んであげられるとよいですね。また、ふだん繰り返し読んでいる好きな本があれば、担任の先生から聞いておきましょう。

　健康である自分が「ふつう」で、障害のある方を「変（へん）・おかしい」と思ってしまいがちな私たちの心に、それこそ「間違い」と強く教えてくれる絵本をあげておきました。

　『ボスがきた』福井達雨編／たけうちまさき　え／まじまつつみ　字／偕成社／1980
　　　重い障害のある子の施設"止揚学園"総リーダーの福井達雨氏は、子どもたちの人間性や生き方をさまざまな角度から見つめ、上記の図書のほか子どもの絵や言葉を数冊の本に編集しています。
　『わたしたちのトビアス』セシリア・スパドペリ編／偕成社／1978
　『ボッラはすごくごきげんだ！』グニッラ＝ベリィストロム／偕成社／1981
　『さっちゃんのまほうのて』たばたせいいち　先天性四肢障害児父母の会　のべあきこ　しざわさよこ／偕成社／1985
　『見たことないもの作ろう！』千葉盲学校／西村陽平編／偕成社／1984

絵本から童話へすすむ「幼年童話」

　年中、年長さんのお部屋には、創作童話、幼年童話が置かれていませんか。これらの物語は、降園前やお昼寝のまえなどに、毎日一話ごと、読み聞かせがされているのでしょう。絵本の世界を楽しみつくしている子どもたちは、いよいよこうした、「字がいっぱいの本」と出会い、「本を読む」時代のかけ橋をわたるのです。また、子どもたちにとって、「続き」というのはとても魅力があるようで、「……それでは、また明日読みましょう」と言われると、とても楽しみにこの時間を待っていてくれます。素晴らしい、胸のワクワクするような代表作をあげておきます。

　『いやいやえん』　中川季枝子　さく／大村百合子　え／福音館／1962
　『エルマーのぼうけん』　ルース・クリスマン・ガネット　作・絵／福音館／1948
　『かえるのエルタ』　中川季枝子　さく／大村百合子　え／福音館／1964
　『もりのへなそうる』　わたなべしげお　さく／やまわきゆりこ　え／福音館／1971
　『おしいれのぼうけん』　古田足日、田畑精一　さく／童心社／1974

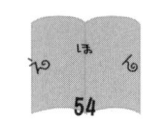

さらに、学びたい人へ!!

絵本についてさらに学ぼうとするあなたへ

　絵本を愛する、素晴しい児童文学者の方々の著書をぜひお読みください。幼児教育という枠にとらわれず、あなたの人生を明るくしてくれたり、慰めてくれたり、いやしてくれたり……。絵本との出会いを子どもたちとともに、さらに楽しめることでしょう。

『えほんのせかいこどものせかい』　松岡享子／日本エディタースクール出版部／1987
　絵本、そして子どもと絵本との出会いを愛の心で見守り導く著者の文章は、水の流れのようにやさしく、私たちの心にしみとおります。

『絵本とは何か』　松居直／日本エディタースクール出版部／1980
　長年、絵本の編集にかかわってきた著者が、絵本の本質と魅力を語ります。

『絵本はともだち』　中村柾子／福音館／1977
　保育者として現場で子どもたちと絵本を楽しんだ体験をもとに書かれたこの本は、子どもたちとの生き生きとしたやりとりや感動で満ちています。

『絵本と私』　中川季枝子／福音館／1996
　左ページにティッチのさし絵、右ページには「兄さんと姉さん」とタイトルがあって著者の文。こうして101冊の良書が紹介されています。「あとがき」を読むと、著者と絵本がどれだけ"愛し合っている"かわかります。

『心に緑の種をまく―絵本のたのしみ』　渡辺茂男／新潮社／1997
　表紙を開くと15ページにわたって、著者の愛しんできた絵本の写真が出ています。本文中には、父親として子育てをし、絵本を共に楽しんだ著者の人生が、楽しく、また感動的に伝わってきます。「絵本が、子どもたちの心に緑の種をまいてくれただけでなく、親の私たちは、絵本の与えてくれる喜びを子どもたちと分かち合う幸せを持つことができました」とは、「あとがきにかえて」のなかの著者の言葉です。

『絵本の力』　河合隼雄、松居直、柳田邦男／岩波書店／2001
　絵本を子どもだけのものとしないで、絵本にどのような力や可能性があるのかをいろいろな角度からとらえようとしているところがおもしろいと思います。絵本がどのように現代人の生き方と深くかかわっているかを考える講演と討論の記録でもあり、学生のみなさんにとっても興味深いことでしょう。

かみしばい

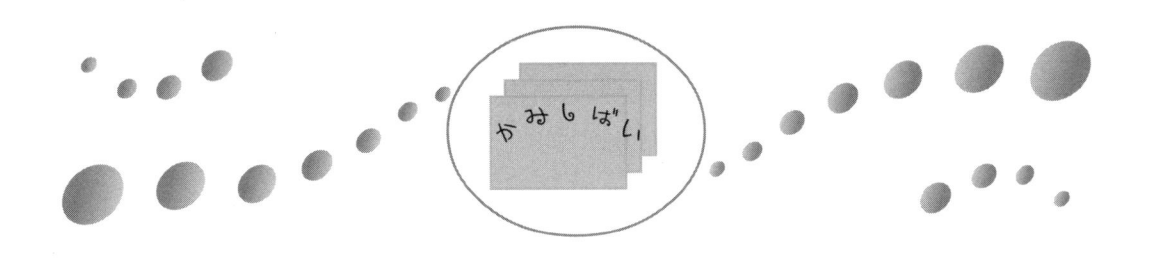

紙芝居

紙芝居の魅力

　「紙芝居、見たーい！　先生読んで!!」保育の現場では子どもたちのこんな声をよく聞きます。子どもたちは紙芝居が大好きです。テレビやビデオやテレビゲームがさかんなこの時代でも子どもたちの要求は絶えません。保育者と子どもとがつくりだす一体感やコミュニケーションが、一方的に情報を流すテレビやビデオやテレビゲームとは違った楽しさを生むからなのでしょう。

　では、絵本と紙芝居の違いは何でしょうか？　最近では大型絵本もありますが、元来、絵本は個人を対象につくられているのに対し、紙芝居は集団を対象としてつくられています。ですから、紙芝居を演じてもらうことによって、その場にいる子どもたちが共通の体験をするわけです。また、集団用にできていますので、少し遠くからでもわかるように絵が単純化されていたり強調されたりしています。紙芝居では登場人物のせりふも多く、画面を一枚ずつ抜くということから絵に動きがつき、ドラマを見るような楽しさがあるのです。

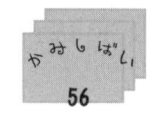

紙芝居を行うときに

下読みをしましょう

　事前にかならず目を通し、内容を理解しておきましょう。知っているお話でも紙芝居の場合、せりふが多く下読みをしていないと、だれのせりふなのかわからなくなってしまうことがあります。また、登場人物によって声を変えることも紙芝居では効果的ですし、紙芝居の裏側の下段に設けられている演出ノートに「がっかりしたように」「はずんで」等、読み方の指示が出ているところもありますので、実際に声を出して読んでみましょう。また、字だけではなく、子どもたちに見せる絵もきちんと見ておきましょう。

＊下読みの効果的な練習方法＊

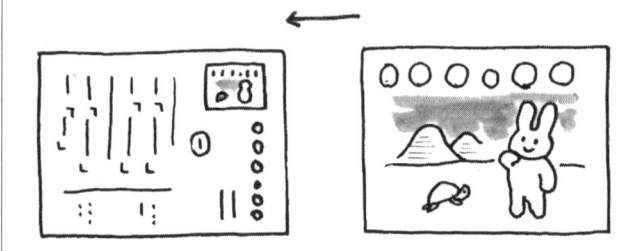

　作品を上向きにして机の上に置き、最後の1枚を抜き出して、裏の文が読めるように裏返して左横に置きます。(左図)

　紙芝居は向かって右(上手)から、左(下手)のほうに抜きますからこの練習がよいのです。

抜き方を練習しましょう

　紙芝居では抜き方にもいろいろあって、"抜く"という動作がとても重要になります。「さっと抜く」「早く抜く」は、早い場面の変化を意味しています。「ゆっくり抜く」「静かに抜く」は、時間をかけて抜くことにより"間"や余韻を意味しています。「抜きながら」は、次の場面につながるように語りかけながら抜きます。「ここまで抜く」「途中まで抜く」は、一つの場面をいくつかに区切ることを意味するので、途中まで抜いてやめ、その後、残りを抜きます。いずれにせよ、紙芝居の本文中に指示が書かれていますのでそれに従いましょう。

　紙芝居を演じるときは、舞台を使う場合と使わない場合があります。重要なことは、子どもたちの集中力が途切れず、最後まで楽しい時間をもつということです。舞台を使うかどうかは、事前に実習園がふだんどのようにしているかうかがっておいて、それによって決めましょう。舞台を使わない場合には、紙芝居がゆらゆら揺れたり、抜く際に落としたりということのないように十分注意しましょう。

＊舞台を使う場合＊

保育者は、子どもから見て紙芝居の左横、やや後ろに立ちましょう。（または、座りましょう）
紙芝居は、順番どおりに右手で右側に抜き、舞台裏側へ挿し込んでいきましょう。

＊舞台を使わない場合＊

左手で紙芝居の底辺の中央部分を持ち、脇をしめましょう。このとき、できるだけ紙芝居が揺れないように注意します。
保育者の顔が紙芝居のうしろに隠れると、声が通らなかったり、子どもたちの表情が見えないので、子どもたちから見て左側に少し顔を出すようにしましょう。
紙芝居は順番どおりに右手で右側から抜き、左手に収めましょう。
※机などを台にして演じることもできます。

保育者の位置と子どもたちの位置を考えましょう

　子どもたちが紙芝居を見るときに、集中して見ることができるように座る位置を配慮しましょう。たとえば、保育者のうしろに廊下があると、人が通るだけで集中力が途切れる子が出てくる場合があります。これが、大好きなお母さんのお迎えだとしたら、たちまち子どもたちは廊下に走り寄ってしまいます。楽しい紙芝居も台無しです。

　また、保育者と子どもたちの距離も配慮しましょう。あまり近すぎると、最前列の子どもは首が痛くなってしまいます。遠すぎても一体感が損なわれます。保育者と子どもたちがつくる心地よい距離を考えましょう。

　子どもたちの座り方にもよりますが、保育者がいすに座り、子どもたちが床に座って見る場合で、最前列の子どもと保育者の距離は1～1.5メートルくらいがよいようです。

子どもたちの座り方の例

床に座る

前列は床に座る、2列目以降はいす

シアター形式

机といすで

導入を考えましょう

　実際に自分が紙芝居を読むときのことを思い描いてみましょう。どんな言葉かけをすれば、子どもたちの意識が紙芝居に向くのでしょうか？　また、お話を聞こうという気持ちになるのでしょうか？　ざわざわとしているなかで、はじめてもうまくいきません。紙芝居をはじめる前に「グーチョキパーでなにつくろう」などの手遊びをしてみんなの気持ちをひとつにしたり、「紙芝居を楽しく見るにはね、おしりといすがペッタンコってくっついていたほうがいいんだよ。じゃあ、みんなでペッタンコってしてみようね。ペッタンコ！！」などの言葉かけをして、立ち歩かないような意識づけをしてみるのもよいでしょう。また、かんたんな歌や楽器などで紙芝居がはじまることを知らせるのも効果的です。

順番どおりにセットされているか確認しましょう

　基本的なことですが、とても大事なことです。はじめてから気づいてもどうすることもできません。しっかり確認しましょう。紙芝居の番号は表側（絵）に書いてあります。

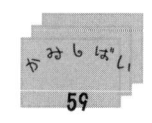

こんなとき、どうする!? －よく起こるトラブルへの対処－

Q. 紙芝居をはじめようとしたら、「見えなーい!」「見えなーい!」の声……。

A. 「見えなーい!」の声には、本当に見えない子とつられて言っている子がいます。本当に見えないと訴えている子は、他の子どもが視界をさえぎっているので見えないのです。「そこだったら見えると思うよ」と見える場所を教えてあげましょう。つられて言っている子には、「先生からは○○ちゃんのお顔がよく見えるから、大丈夫だと思うよ」とこたえてあげるとよいでしょう。

Q. 紙芝居の世界に入りこんで、紙芝居に向かって話しかける子がいるんだけれど……。

A. 集中して見ている証拠です。目と目が合ったら、「そうだね」「ほんとうにね」「私もそう思うよ」という気持ちを込めて、うなずきながら温かくほほえみ返してあげましょう。また、場合によってはそういう子どもの声も拾ってあげましょう。

Q. 紙芝居をしていると、裏側をのぞきに来る子には?

A. 年齢の低い子や、紙芝居の経験のない子どもによく見られる行動です。裏側に何かおもしろいものでもあるのかな? と思うようです。傍(そば)によってきたら小声で、「こちら側は字だけだよ。むこうに座ったほうが、絵が見えて楽しいよ」と知らせてあげましょう。それでも、裏側に来るようなら、裏を見せてあげましょう。子どもなりに納得すれば、次回は裏側には来ないでしょう。

Q. 紙芝居の途中で飽きてしまった子には?

A. 体をゆすったり、お友達にちょっかいを出すようになったら、集中力がなくなった証拠です。「さあ、次はどうなるかな? ○○ちゃんよく見ててね」と再度、集中できるような言葉かけをしてみましょう。場合によっては、最前列のあいているところを指差しながら、「ここに座るとまた見たくなるよ」と声をかけ、集中しやすい席をつくってあげましょう。そして、保育終了後、なぜ飽きてしまったのか(お話がむずかしすぎたとか、座る位置がよくなかったとか、紙芝居を見る気持ちをつくってあげられなかったとか……)考え、次回につなげていきましょう。

Q. 「これ、知ってる!」「見たことある!」と言われたら……。

A. 「そう、知ってるの。誰が出てくるの?」など聞き返し、一通り発言を聞いた後で、「よく知ってるね。じゃあ、今日はみんなで見てみようね」と、みんなで見るとさらに楽しいことを伝えましょう。

3歳児と楽しむ　紙芝居

選ぶときのポイントと作品紹介

場面数の少ないものや繰り返しのあるお話からはじめましょう

　4月の入園後すぐには、紙芝居の経験のない子どももいます。みんなが楽しいと感じるには、最初は集中する時間が短いほうがよいのです。紙芝居の内容にもよりますが、目安として12場面以下のものを選ぶとよいでしょう。お話の内容も繰り返しのあるものがよいでしょう。

子どもの生活に近い題材を選びましょう

　発達にもよりますが、3歳児は生活範囲も狭く経験も乏しいので、身のまわりで起きそうなことや、身のまわりにある物を題材にしている紙芝居を選ぶと理解を得られやすいでしょう。たとえば、赤ちゃんやお母さんが出てくるもの、クレヨンやえんぴつなどが出てくるもの、お花やちょうちょが出てくるもの、うさぎや猫が出てくるもの、長靴やかさや雨が題材のもの、にんじんや大根などの野菜を題材にしたものなど……。
　ただし、お母さんが出てくるものは、紙芝居を見ているうちに母親を恋しがる子どもも出てくるので、子どもたちの母子分離の状況を考えてから選びましょう。

生活習慣を扱った作品も取り入れてみましょう

　日常の生活のなかで子どもたちが経験していることですが、食事前に手を洗うこと、トイレで排泄すること、順番を待つこと、あいさつをすること、着替えをすることなどをテーマとした作品もときには取り入れると、子どもたちが生活習慣を意識するのに効果的です。

園行事のイメージの湧くものや、楽しい気持ちになれるものを選びましょう

　初めて経験する行事に対しては、なかなかイメージが湧かないものです。紙芝居の助けを借りるのもよいでしょう。
　また、「幼稚園(保育園)って楽しい!!」「お友達と遊ぶのって楽しい!!」と感じはじめているころなので、悲しさが残ったり、怖さが残ったりするものよりも、楽しい気持ちになれるものや、紙芝居が終わった後にあたたかな雰囲気が残るものがよいでしょう。

作品紹介

『だいすき うんどうかい』
脚本 高橋道子、画 水谷基子／童心社／1989

もうすぐ運動会。「みんなで力を合わせてがんばるのが楽しいのよ」と先生は言いますが、たけしくんは負けたくなくて……。

『にげたくれよん』
作 八木田宜子、画 田畑精一／童心社／1973

赤いくれよんでチューリップを描いていたら、「ぼく、すきなものがかきたい」って、くれよんが逃げだして、描いたものは……。

『ラルくんならんで』
脚本 わしおとしこ、画 藤枝つう／童心社／1993

こぎつねラルが、保育園の友達にくわわって、すべり台遊びの仲間に入れてもらいました。ラルはすぐにすべりたくて……。順番をテーマにしている作品です。子どもたちの日常で起こりそうなことがお話になっています。

『おおきくおおきくおおきくなあれ』
脚本・画 まついのりこ／童心社／1983

小さな小さなブタが1匹。みんなで「大きく大きく大きくなあれ！」っていってみて。そうしたら、ほら……。次は、何が大きくなるかな？
繰り返しのお話です。

演じ方のポイント

おばけなどの声色(こわいろ)はほどほどに

狼やおばけなどが出てくる紙芝居で、必要以上に声色をつけて迫力を出してしまうと、3歳児のなかには本当に怖がっておびえてしまう子どもも出てくるので、ほどほどにしましょう。

ゆっくりとたっぷりと

3歳児はまだ物事を理解して、自分なりに消化するのに時間がかかります。演じるテンポをゆっくりにし、絵もたっぷりと見せてあげましょう。字がないからとあせらずに間を十分取りましょう。

言葉は明瞭に

耳から入った言葉を新しい言葉として習得していく子どもたちです。正しい言葉を覚えるために、はっきりとした言葉で演じましょう。

「みんなで見て楽しかった」を大切に

「みんなで紙芝居を見て、楽しかった」という印象を大切にして、個の楽しさが、集団の楽しさに広がる体験を大事にします。みんなで楽しく紙芝居を見た体験から、お話を聞く態度が自然に身につけられるように配慮しましょう。

実 践 例

【 3匹のこぶた 】

〈場面1〉

〈お話〉

お母さんぶたが、3匹のこぶたちゃんを呼びました。
「1番おにいさんの、おおぶたちゃん」
「ブー」
「2番目の、ちゅうぶたちゃん」
「はーい」
「1番小さい、ちいぶたちゃん」
「はい」
「さあ、みんな 大きくなったんだから、自分のおうちをたてましょうね」
「はーい」
　－線まで抜いて－
ブーブーブー。なまけ者のおおぶたちゃんは、わらでおうちをたてました。ひとふきふけば飛ぶようなおうちです。
　－線まで抜いて－
ちゅうぶたちゃんは、木の板でおうちをたてました。ひと風ふけば飛ぶようなおうちです。
　－残りを抜く－

〈場面2〉

働き者のちいぶたちゃんは、レンガのおうちをたてました。
「よいしょ、よいしょ。おうちをつくろ。強いレンガのおうちをつくろ。よいしょ、よいしょ」（少しの間）
　ところが、
　　－さっと抜く－

〈演じ方のポイント〉

- おおぶたちゃんはなまけ者、ちいぶたちゃんは賢く働き者の雰囲気を大切に。
- おおぶたちゃんは低めの声でゆっくりと。ちいぶたちゃんは高めに歯切れよく。中ぶたちゃんはその間の声で。返事だけでもキャラクターがはっきりするように。
- お母さんは、こぶたたちの成長を喜び、やさしい雰囲気で。
- 場面がいくつかに区切られているので、線でしっかり止める。

- 重いレンガを コツコツ一つずつ一生懸命運んでいる様子を表して。
- せりふが終わっても絵を見ながら、まだまだ働いている様子を出すために間を取る。

〈場面３〉

　　ウオー、ウオー、ウオー。悪者の狼がやってきました。
　「どこかに、おいしい、ごちそうがないかな。ウオー、ウオー、ウオー。おや、わらのうちがあるぞ。どれ、行ってみよう」
　　―ゆっくり抜きながら―
　「おお、いいにおい。ぶたのにおいだ。さっそく食べてやろう」

・狼の声は低めに。あまり迫力をつけると怖がる子もいるので、ほどほどに。

・探し物をしているように。

・とてもいい物を見つけたように。せりふを言い続けながら場面を変える。

〈場面４〉

　「おい、おおぶた。ちょっと中を見せてくれよ」
　「ブー、ブー、ブー。だめだよ。狼なんかだめだよ」
　「なにっ！　戸を開けろ。開けないのならこんなわらのうち、ふきとばしてやる」
　　―抜きながら―
　　フーッ　フーッ　フーッー！！

・ちょっとでも中に入れたら、しめたものという感じで。頼み込むように。

・下手(したて)に出たのに受け入れてもらえず、怒って。

〈場面５〉

　「うわー、たいへんだー。おうちがふっとんだー。助けてー。助けてー」
　　―抜きながら―
　「待てーっ」

・大あわてで、ころがるように逃げる感じで。

・絶対に捕まえて、食べてやるという感じで。

<場面６>

「こら待て、こら待てー」
「助けてー、助けてー。ちゅうぶたちゃん、助けてー」

おおぶたちゃんは、ちゅうぶたちゃんの木のうちへ飛び込みました。

「さあ、しっかり戸をおさえて!!」

・夢中で逃げて、ちゅうぶたちゃんに救いを求める。

・子どもたちにもほっとする間をもたせるように。

<場面７>

「やや、今度はこの家の中だな。こりゃあ、都合がいい。２匹食べられるわい。こんな、木で作ったうちなんか吹き飛ばしてやるぞ」
（ちょっとの間）
「フーッ、フーッ、フーッ!!」
－抜きながら－
ちゅうぶたちゃんのおうちも、吹っ飛んでしまいました。

・こぶたが２匹になり、ご馳走がふえたことを喜んで。

・わらの家のときよりも強めに。

<場面８>

「ちいぶたちゃん、助けてー」
「狼だ、狼だ。ちいぶたちゃん、助けてー」
「にいさんたち、はやく、はやく」
「もう、大丈夫だよ。このうちはレンガのおうちだもの。狼がフーッて吹いても飛ばないよ。あっ、狼がやってきた」
「しめしめ、今度は３匹だ。レンガのうちだって吹き飛ばしてやるぞ。
フーッ、フーッ、フーッ!!
フーッ、フーッ、フーッ!!」
いくら、狼が吹いてもちいぶたちゃんのうちは、びくともしませんでした。

・大あわてで、ころがるように逃げる感じで。

・先ほどと同様に、子どもにほっとした間を与える。

・ちいぶたちゃんのせりふは自信に満ちて。

・２回目のフーッ、フーッ、フーッ!! は、１回目より力強く。

かみしばい
65

＜場面９＞

　「ちきしょう。なんとかして、中に入れないかな。うーん、あっ、そうだ。いいこと考えた」
　狼はニタニタしながら帰っていきました。
　　－抜きながら－
　「ああ、よかった」
　「よかったね」
　「だんろに火をつけて暖まろう」
　「おゆをわかして、スープをつくろう」

- 目の前にご馳走があるのに食べられない悔しさを表して。
- そして、考える短い間をとってから、とてもよいことがひらめいたように。
- 狼が離れていったことを喜んで。

＜場面10＞

　「ウフフフフ……。ちゃーんとここがあいている。よーし、この煙突から入って３匹とも食べてやろう。えいっ」
　　－さっと抜く－

- 煙突から勢いよく飛び降りる感じで。

＜場面11＞

　「うわあっ……、あ、ち、ち、ち、……。あ、ち、ち、ち…。
　　－抜きながら－
　あついよーう、あついよーう、あついよーう」

- 熱くて熱くて飛び跳ねる感じで。
- 半べそをかいているように。

＜場面12＞

　狼は大やけどをして、山のほうへ逃げていきました。
　「ワーイ、ワーイ、ワーイ……」
　「狼を　やっつけたぞー……」
　「ワーイ、ワーイ、ワーイ……」
　みんなそろって、おおよろこびしました。（ちょっとの間）
　「お・し・ま・い」

- 狼を退治して、バンザイして喜ぶように。
- 喜びの余韻を残すために、少し間を取ってから「お・し・ま・い」と言って、おわりを告げる。

4歳児と楽しむ　紙芝居

選ぶときのポイントと作品紹介

季節感のあるものを取り入れましょう

　保育の現場では四季の移り変わりを目で見て、肌で感じることを大切にしています。紙芝居のなかにも季節を感じさせるものがたくさんありますので活用しましょう。たとえば、春ならおたまじゃくしや蛙、鯉のぼり、母の日や父の日、夏なら雨や梅雨、星や七夕、水遊び、おばけ、秋なら十五夜、運動会、落ち葉や木の実、遠足、お芋や収穫、冬ならクリスマス、お正月、雪、鬼などです。地域によって多少季節が前後すると思いますが、子どもの生活に合わせたものを取り入れましょう。

ストーリー性のあるものも選びましょう

　4歳児ぐらいになると、紙芝居のおもしろさもよくわかり、見ようという積極的な気持ちをもつ子どもも多くなります。集中する時間も長くなるので、ストーリー性のある作品も選ぶようにしましょう。

参加型の紙芝居も取り入れてみましょう

　3歳児でも十分楽しめますが、紙芝居のなかには、子どもたちに問いかけるもの、クイズになっているもの、演じ手とともにかけ声を要するものなどがあります。「みんなで紙芝居を見るのは楽しいな!!」という経験をさらに積み重ねてあげましょう。

ごっこ遊びや劇遊びにつながる作品も取り入れましょう

　登場人物が身近な動物や好きな動物が出てくることにより、子どもたちの遊びのなかでごっこ遊びや劇遊びに発展する場合があります。紙芝居を見たあとの活動で、子どもといっしょにお面をつくったり、小道具をつくったり、セリフを考えたりしながら、劇遊びへの発展を援助していきましょう。

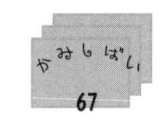

作品紹介

『どかどかじゃんけん大会』
脚本・画 黒田かおる／童心社／1971

「ぼく、こうへいです。ただ今より"どかどかじゃんけん大会"をはじめたいと思います！」登場人物とジャンケンを楽しむ参加型の紙芝居です。

『おたまじゃくしの101ちゃん』
作 かこさとし、画 仲川道子／童心社／1978

101ぴきのおたまじゃくしたちが大さわぎをするので、かえるのお母さんは目がまわりそうです。とうとう101ちゃんがまいごになり……。
春に読んであげたい作品です。

『おおかみと七ひきの子やぎ』
原作 グリム、脚本 奈街三郎、画 スズキコージ／童心社／1992

お母さんが出かけているるすに、悪い狼が、お母さんにばけて、子やぎたちを食べにきました。子どもたちの劇遊びへと発展していきやすい作品です。

『おばけかな、ほんとかな？』
作 木村裕一／㈱教育　1989

「おいしいぶどうがとれたからあそびにおいで」おばあちゃんから手紙をもらった子犬のポッチィ。こわいゾクゾク森を通っていかなくてはならなくて……。

演じ方のポイント

知らない言葉が出てきたら……

お話のなかで子どもたちの知らない言葉が出てくることがあります。子どもによっては「井戸ってなに？」「幸福って何？」というように、自分の知らない言葉を耳にすると積極的に質問してくる子もいます。細かく解説する必要はありませんが、子どもの様子を見ながら、子どものわかる言葉でかんたんに説明してあげるとよいでしょう。そのときに答えてあげられなかった質問にはあとで個別に説明してあげましょう。

リズミカルにテンポよく

4歳児になると経験を積んで、紙芝居の楽しさがわかってきています。友達とも楽しさを共有するようになってきていますので、「ワンワン」「ブー、ブー」「ギーコ、ギーコ」「ドスーン」などの「音」をリズミカルにテンポよく表現しましょう。そのことでとなりの友達と顔を見合わせて笑いあったり、紙芝居終了後、耳に残った「音」を発して楽しみ、遊びにつながっていくことがあります。

実践例

【 あわてんぼうのウサギ 】

		<演じ方のポイント>
<場面1>	<お話>	
	1匹のウサギが、やしの林で眠っていると、 　（ちょっとの間） 　ドッシーン！ 　－抜く－	・眠っている雰囲気をつくるために、間を取る。 ・大きいやしの実の、落ちる音を表現して。
<場面2>	ものすごい音がして、地面がぐらぐらっと揺れました。 「うわあ、たいへんだあ。地面がこわれた」 　ウサギはあわてて、逃げ出しました。 　－抜きながら－ 　ぴょんぴょん　ぴょんぴょん 　ウサギが走っていくと、	・眠っているところを突然起こされ、なにがなんだかわからない様子で。あわて者の感じで。
<場面3>	「ねえ、どうしたの？」 「なんで、そんなにあわてているの？」 　なかまのウサギたちが、たずねました。 「地面がこわれたんだよ。たいへん、たいへん、逃げなくちゃ」 　ウサギは走りつづけます。 　－抜く－	・仲間のウサギたちが一目散で走っているウサギを見て、びっくりしてたずねる感じで。 ・はやく逃げなくては……という差し迫った様子で。

かみしばい
69

〈場面４〉

「地面がこわれたって」
「そりゃあ、たいへんだ」
「逃げろ、逃げろ」
　なかまのウサギたちも、おおあわてで走り出しました。
　　　－抜きながら－
　ぴょんぴょん　ぴょんぴょん
　ぴょんぴょん　ぴょんぴょん

- なかまのウサギたちもたいへんなことになったと思って、たいそうあわてて逃げる雰囲気で。

- ウサギが跳ねながら逃げていくように。

〈場面５〉

「あれ、ウサギさんたちが、あんなに急いで走っていくよ」
「なんだろう」
「なにかあったのかい？」
　鹿たちがたずねました。
「地面がこわれたんだ。早く逃げないとあぶないよ」
「そりゃあ、たいへんだ。安全なところへ逃げよう」
　　　－抜きながら－
　鹿たちもウサギのあとを追ってかけだしました。

- 不思議そうに。

- 走って逃げているなかまのウサギに呼びかけるように。

- あわてて。

- 一大事だと思いあわてて。

〈場面６〉

　それから、いのしし、水牛、サイ、トラ、ぞうも地面がこわれたと聞いて、かけだしました。
「たいへんだ、たいへんだ」
「地面がこわれた」
「逃げろ、逃げろ」
　どどどどど、どどどどど、……
　どどどどど、どどどどど、……
　　　－抜きながら－

- みんなあわてて。

- たくさんの動物が走って逃げている音を表す。

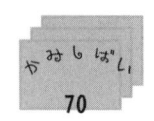

〈場面7〉

　　動物の列は、ながく、ながーくなりました。
　　（少し間をおく）
　　それを見ていたライオンの王様が言いました。
「あんなにみんな走っているが、どうしたのだろう」
　　－抜く－

・ライオンの王様が動物の列を見ている感じで、間を取る。
・王様らしく悠然とした声で。

〈場面8〉

　　ライオンの王様は、おそろしい声で吠えました。
「ウオーッ、ウオーッ、ウオーッ！止まれ、止まれ。なぜ、おまえたちは走っているのだ」
　　－抜く－

・王様らしく、低めの声で吠えるように。

〈場面9〉

　　動物たちはふるえあがって、たちどまりました。
「地面がこわれたから、逃げているのです、王様」
「地面がこわれた？　だれが見たのだ？」
「トラさんに聞いたのです」
「とんでもない。サイさんに聞いたのです」
「わたしじゃ、ありません。水牛さんが知っています」
「いいえ、いのししさんに聞きました」
「鹿さんが知っています」
「ウサギさんに聞きました」
「わたしは、このウサギから聞いたのです」
　　－抜く－

・たくさんの動物の会話が続きます。多少の声の高低などをつけ、うまく演じ分けてください。

・それぞれ、自分が見たのではないけれど、たいへんなことを聞いたのだということを主張するように。

・あわてんぼうのウサギに向かって。

〈場面10〉

「おまえはほんとうに、地面がこわれたのを見たのだな?」
「はい、王様。やしの林で昼寝をしていたら、ドッシーンと、大きな音がしたのです」
「わかった。では、わしがこのウサギと林に行って確かめてこよう」
　－抜きながら－
　ライオンの王様は、ウサギを背中にのせると、やしの林に走っていきました。

・言い出した者を確認するように。

・自信たっぷりに。

〈場面11〉

「さあ、おまえが見たのは、どこだ?」
「あそこ、あそこです、王様。おそろしい音がしたのです」
　ウサギはふるえながら、指さしました。
　しかし、そこには、やしの実がひとつ、落ちているだけでした。
　地面はどこもこわれていません。
　－抜く－

・王様らしく、悠然と。ウサギを包み込むように。

・おびえながら、王様に伝える。

〈場面12〉

　ライオンの王様はもどってきて言いました。
「地面はどこもこわれていなかった。大きなやしの実が落ちただけだ。その音にびっくりして、ウサギは地面がこわれたと思ったのだ」
「なあんだ、そうだったのか」
「ワハハハハ……」
　動物たちは、大きな声で笑いましたとさ。
「お・し・ま・い」

・あわてていた動物たちを落ち着かせるように、はっきりとゆっくりと説明するように。

・安心したように。

・「お・し・ま・い」と一語ずつ、区切ってしめる。

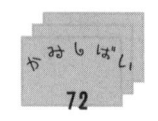

5歳児と楽しむ　紙芝居

選ぶときのポイントと作品紹介

シリーズ物や長編の作品も取り入れましょう

5歳児くらいになると経験を積んで、かなり集中して紙芝居を見ることができるようになってきています。さらに、前編後編のある作品や、シリーズになっている作品なども次回に期待しながら待つこともできるようになってきていますので取り入れてみましょう。

昔話や民話も取り入れましょう

昔話や民話、とんちの入った話なども取り入れてみましょう。3、4歳児では理解できなかった作品でも、5歳児は理解力や想像力も増し、楽しめるようになってきています。

生物や生態、宇宙や自然をテーマにした作品も取り入れましょう

5歳児とは限らないのですが、小動物の世話をしたり、植物の生育を助けたりする活動が入ってくると、生命の尊さや、科学に関する興味も今まで以上に出てくることでしょう。子どもたちの興味にそくしたテーマの作品も選んでいきたいものです。

身近に起こる災害や危険をテーマにした作品も取り入れてみましょう

火事や地震にあったとき、迷子になったときなどをテーマにした作品を取り入れ、みんなで考えるきっかけにするのもよいでしょう。こればかりは、経験しないにこしたことはないので、紙芝居を活用し危険を回避する手立てを知らせることもよいでしょう。

作品紹介

『チポリーノのぼうけん』
原作 ロダーリ、脚本 木村次郎、画 岡本武紫／童心社／1970

たまねぎぼうやチポリーノは、レモン大公やトマト騎士たちが村人を困らせるので、友達と力を合わせて戦います。前後編24場面の長編です。

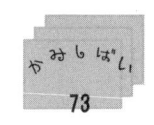

『ぼくはかぶとむし』

脚本・画 渡辺享子／童心社／1997

小さな小さなたまごから幼虫になったころんは、何回も脱皮を繰り返して、1年がかりで、大きなかぶとむしになりました！

子どもたちに人気のあるかぶとむしの生態をテーマにした作品です。

『ゆうくんどこいくの？』

脚本 わしおとしこ、画 多田ヒロシ／童心社／1991

お母さんをおみまいに、おばあちゃんといっしょに出かけたゆうくんは、おばあちゃんが立ち話をしている間にいなくなりました。迷子をテーマにした作品です。

『かめくん だいじょうぶ？』

脚本・画 仲川道子／童心社／1992

くまちゃんは友達のたぬきくんやきつねくんたちとおすもうをしていました。ドッスーン。そのとき、本当の地震が起こって……。

地震が家の中にいるときに起こったときの注意点がお話になっています。

『でいらんぼう』

脚色 伊藤海彦、画 福田庄助／NHKかみしばい／1984

でいだらぼっちのでいらんぼうという大男が住んでいて……。座ればみーんなおしりの下、立ちあがれば頭は雲の上。浅間山に鍋をのせ何でも煮て食べる……という長野県の民話です。

演じ方のポイント

"それらしく"演じましょう

5歳児ともなると、ほとんどの子が紙芝居に対してかなりの期待感をもち、また集中して見るようになります。それと同時に、登場人物にはその人らしさや本物らしさを、情景や状況にも本当らしさをこだわるようになるので、演じる側もできるかぎり"それらしく"演じ、その紙芝居全体がもっている雰囲気を大切にしましょう。

昔話や民話では……

日本の昔話や民話などは、方言を使っていたり、はじまりやおわりに独特の言いまわしがあったりします。また、おばあさんが孫に語りかけるような口調で話が進むものもあります。現代の生活のなかではなかなかないことですが、紙芝居を通して昔の暮らしを想像する楽しさもありますので、おばあさんはあばあさんらしくゆっくり話すなど、その作品のもっている味を損なわないようにしましょう。

実 践 例

【 3年ねたろう 】

<場面１>	<お話>	<演じ方のポイント>
	とんと 昔の ことだ。 グー、ゴオー、グー、ゴオー、プー、スー、グー、ゴオー ちっちゃな家から大きないびきが聞こえとる。 寝ておるのは、太った若い男じゃ。もう、３年も寝ておる。 村人たちは、みなばかにして、３年ねたろうと呼んでおった。 　　　－抜く－	・独特の語り口。抑揚をつけて。 ・大きないびき。リズミカルに。 ・昔のいなかのおばあさんが、孫に語りかけるような口調で。
<場面２>	ねたろう、ねたろう、３年ねたろう わーい　わーい　なまけ者 「まだ、寝とる」 「ほんとじゃ、ほんとじゃ」 子どもたちがはやしたてたが、ねたろうは平気。 グー、ゴオー、プー、スー 村人たちもあきれはててしもうた。 だけども、ねたろうも起きるときがあった。 　　　－抜きながら－ 　シューッ	・子どもたちがうたい、はやす感じで。 ・あきれて。 ・先ほどと同じく、リズミカルに。 ・ほとほと、あきれ果てたように。 ・おどろくなかれ、こんなことがときどきあるというように。 ・立小便の音
<場面３>	ときどき丘にのぼって、おしっこをするのじゃ。 「ああ、ええ　気持ちじゃ」 「また、やっちょる」 「あの、ばちあたりが……」 村人たちは渋い顔。 　　　－抜く－	・大きな声では言えないけれど、聞いてほしいという感じで。 ・のんびりと。 ・怒って。 ・まったくしょうがないという感じで。

75 かみしばい

〈場面４〉

　さて、ある年のこと。毎日、ギンギラ　ギンギラ　お日さまがてって、村には雨がふらなんだ。
　田んぼはカラカラ。
　稲は今にも枯れそう。
「空の神様、どうか、雨を降らせてくだせえ」
　だけども、ひとつぶの雨もふらなんだ。
　　　－抜く－

- がらっと気持ちをきりかえて。

- 日照り続きで困ったように。

- 天を仰いで、真剣に祈るように。

- がっかりしたように。

〈場面５〉

「よっしゃ、わかったぞ」
　ある日、ねたろうは起きあがった。
　ねたろうの目は、らんらんと輝いておる。
　　　－抜きながら－
　ねたろうは家を出ると、さっさと走り出した。

- 力強くひらめいたように。

- ぐうたらなねたろうが、活動をはじめたので、語りもテンポよく。

〈場面６〉

「ねたろうのやつ、どこへ行くんだべ」
　村人たちは不思議そうについて行った。
　ねたろうはぐんぐん山をのぼって行く。
　その速いこと、速いこと。
　とうとう山のてっぺんについた。
　　　－抜きながら－
「よいしょ、うんしょ。よいしょ、うんしょ」

- 不思議そうに。

- 語りも力強く。

- 本当に速いということを伝えるように、気持ちを込めて。

- 動きそうもないくらい大きい岩を動かすつもりで、力を込めて。

〈場面７〉

　　ねたろうは、大きな大きな岩を動かそうとした。
　　汗びっしょりになって、動かそうととけんめいになった。
　「よいしょ、うんしょ」
　「ねたろうめ、なにをやりだすことやら……」
　　　－抜きながら－
　　岩がグラッと動いた。

・また、変なことでもするのでは……と怪しんで。

〈場面８〉

　　ガラララ……
　　大きな岩が、ころがりだした。
　　すると、まわりの小さな岩まで
　　ガララ……
　と、ころがりだした。
　「あらあら、たいへん、たいへんじゃあ」
　　村人たちは　びっくりぎょうてん。
　　　－ぬきながら－
　　　ドップーン
　　　バシャーン

・地面がうなるような、大きな岩が転がる音。

・岩がいくつも転がる音。

・悲鳴に近い声。

・水の中に大きい岩が落ちる音。
・その他の岩が落ちる音。

〈場面９〉

　　岩は川におちて、水をせきとめた。
　　川の水があふれだした。
　　ゴボゴボゴボ……
　　　－抜く－

・水があふれはじめる音。

<場面10>

　ザ、ザーッ！！
　川からあふれでた水は、田んぼへ田んぼへと、流れ込んでいく。
　「うわあ、水だ、水だ、水だ！」
　「ねたろうのおかげで、助かったあ」
　「まったくねたろうは、たいしたもんじゃあ」
　　　－抜く－

・水が堰をきったようにあふれた音。

・驚きながらも喜んで。

・感心したように。

<場面11>

　水がたっぷり入った田んぼのいねは、生き返った。
　いねはぐんぐんのびた。
　枯れかかった田んぼが生き返った。
　「よかったなあ」
　「ほんとうに、よかっただ」
　「これで、豊作、間違いなしじゃ」
　（少しの間）
　そして秋には、お米がたくさん取れた。
　　　－抜く－

・日照りから開放され、作物が生きかえったことを喜ぶような語り口で。

・ほっとして。
・安心して、喜ぶように。
・無事に収穫できることがわかり、太鼓判をおすように。
・時間の経過を表すために間を入れる。

<場面12>

　グーゴオー、グーゴオー
　プー、スー、グーゴオー
　ねたろうは、また、大いびきで寝ておる。
　だけども村びとたちは、もうだれも、ねたろうの悪口を言わなんだ。
　子どもたちもうたった。
　　村の大事なねたろうやーい
　　ねろ　ねろ　ねろ　ねろ
　　ねたろうやーい
　　ええこと　かんがえろ
　　ねたろうやーい
　「どっと、ぴんしゃん、お・し・まい」

・冒頭と同じく、大きくリズミカルに。

・節をつけて、うたうように。

・節をつけておしまいにする。

その他、知っておきたいこと!!

縦割り保育のときに紙芝居を選ぶポイント

　　　縦割り保育で取り入れるとき、低年齢児に合わせた作品を選ぶと5歳児にはかんたん過ぎないかしら？と悩むものです。紙芝居はその場の雰囲気を共有する楽しみもありますので、5歳児も低年齢児がいることでかんたんな作品を楽しむこともできるでしょう。ただし、いつもいつもかんたんな作品ばかりだと、低年齢児につきあってあげている気持ちになり、不満も出てきます。逆に5歳児に合わせた作品を選んで、3歳児が5歳児がいることでむずかしい作品にもついてこられる体験をすることもよいでしょう。

自分たちで紙芝居をつくってみよう

　　　子どもの描いた絵に質問を投げかけたりしながら、子どもとお話をつけて紙芝居をつくりましょう。ほかの子どもに見せてあげると紙芝居づくりが広がることもあります。

図書館を利用しよう

　　　紙芝居は、絵本と違って書店で手に入れにくい教材ですが、図書館によっては充実しているところも増えているようです。児童図書の多い図書館を探し活用しましょう。

さらに、学びたい人へ!!

・右手和子『紙芝居のはじまりはじまり＜紙芝居の上手な演じ方＞』童心社、1986

　紙芝居の魅力と実際に演じるときの方法がくわしく載っている本です。実際に紙芝居を演じている方の書いた本なので、とてもわかりやすくなっています。

・阿部明子・上地ちづ子・堀尾青史共編『心をつなぐ紙芝居』　童心社、1991

　紙芝居作家や保育・学校・図書館等で活用している方たちが、それぞれの紙芝居に対する思いや活用の仕方を述べている本です。

・まついのりこ『紙芝居・共感のよろこび』童心社、1998

　紙芝居作家が、作家の思いも聞き手に伝わるようにと、作家の立場から見た演じ方が載っています。随所にかわいいイラストが描かれ、ながめているだけでも楽しくなる1冊です。

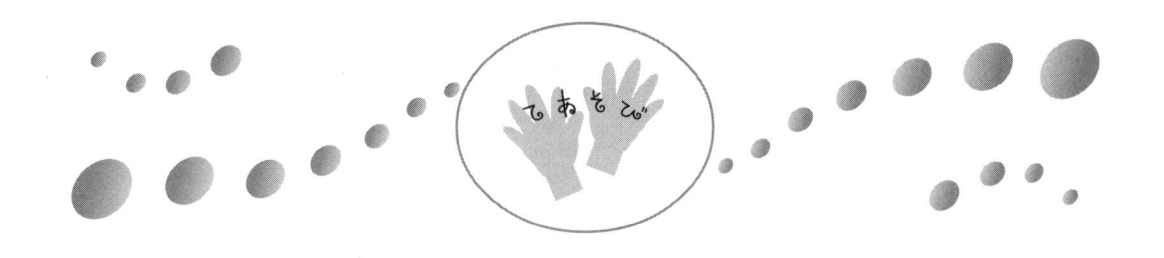

手遊び

手遊びの魅力

　子どもたちが、毎日過ごす保育のなかで、手遊びは、もっとも身近であり、また1日の流れのなかで、実にさまざまな場面で使われています。
　それは手遊びが、場面（いつでもできる）・人数と対象（だれでもできる）・道具の有無などの条件を選ばずに、手軽に楽しめる遊びだからでしょう。
　手遊びは、2つの手のひらと10本の指という素材で、イメージをふくらませながら、楽しむ遊びです。そこには、手を何かの形に見立てて作る創造と、その形からイメージをふくらませる想像の2つの『そうぞう』の楽しさがあります。そして、そのうえに、リズミカルな曲に合わせてうたうという音楽的感覚の楽しさが加わります。
　このように考えますと、身近で、単純で、手軽な手遊びという活動は、子どもの成長のために大切な要素を合わせもつ、すぐれた遊びであるといえるでしょう。みなさんも、いくつかの手遊びを覚えて、その楽しさを子どもたちの笑顔とともに実感してください。

手遊びを行うときに

自由な手遊び

　手遊びの本を1冊開いてみただけでも、実にたくさんの手遊びがあります。そのなかのたった1つの手遊びでも、いろいろな遊び方があり、歌詞やメロディーも地域・年代などによって、少しずつ違います。
　このように手遊びには、原型はありますが完成型はありません。
　みなさんも、原型をおさえたうえで、そのときの子どもたちに合った手遊びを、展開させていきましょう。

手遊び自体の楽しさを大切に

　実際に、手遊びがどんな場面で使われているかというと、導入のひとつとして、使われることが多いようです。
　活動に入るまえのざわついた子どもたちを静かにさせるには、「静かに！」と大きな声でどなるよりも、うたい出すほうが効果的なのは事実です。
　しかし、子どもたちを集中させるためだけに、手段としての手遊びを、次から次へと連発させていると、その一つ一つに遊び心がなくなってしまい、子どもたちがどんな様子で手遊びをしているかが見えなくなってしまいます。次への導入として活用するときでも、遊びのイメージをふくらませながら、あくまで手遊び自体の楽しさを忘れずに、保育のなかに生かしていきましょう。

どんな手遊びを選ぶ？

　まず、すべての年齢に共通して言えることは、季節感のあるものは、その季節に合っていなければいけません。暑い暑い夏に、お正月のおもちつきの手遊びをしても、子どもたちの実感がわきません。
　また、活動の場面に合ったものを選ぶことも大切です。たとえば、これから帰ろうというときに、唐突に、「お弁当箱」の手遊びをするよりも、おいしいお弁当や給食を目のまえにして、「お弁当箱」の手遊びをしたほうが自然で、子どもたちもより楽しめることは、容易に想像がつきますね。
　あとは、年齢・発育段階・子どもたちの状況によって、メロディーや振りの難易度や応用・展開の仕方などを考え合わせて、選んでいきましょう。

手遊びの遊び方

　実際に、子どもたちといっしょに遊ぶまえに、かならず楽器などで、音程やリズムをしっかり確認しておきましょう。

　それから、はじめに、ふつうのテンポでやってみます。子どもたちの反応を見て、あまり知らないようだったら、ゆっくりと、模倣(もほう)させましょう。子どもたちが慣れてきたり、また、すでに知っているようなら、テンポを速めたり、振りを変えたりして、いろいろな応用を加えてみましょう。

　どんなに楽しい手遊びでも、あまり長くやってしまうと、子どもたちも当然あきてしまいます。子どもたちの様子をよく見て、切り上げどきを見はからいながら、テンポよく、進めていきましょう。

こんなとき、どうする！？　−よく起こるトラブルへの対処−

Q. 覚えていった手遊びとメロディーや振りが違ってたら、どうする？

A. 手遊びは、人の口から口へ、手から手へと伝えられていく伝承的な要素が強いので、どれが正しいということはありません。実際の実習の場面では、その実習先の子どもたちが慣れているメロディーや歌詞・振りに合わせたほうが、子どもたちは混乱しないと思います。たとえ、子どもたちに「違うよ、間違ってるよ」と言われても、決してうろたえず、「いろんな遊び方があるんだね。じゃ、今度は、みんなの遊び方も教えてね」など言いながら、臨機応変に対応しましょう。

Q. やってみたら、子どもたちの年齢に合わなかったよう……どうする？

A. せっかく準備していった手遊びが、子どもたちには、かんたん過ぎて「つまらない」と言われたり、反対にむずかしすぎて、子どもたちがついてこられなかったりした場合に、1番かんたんなのは、テンポを速くしたり、遅くしたりして、アレンジすることです。ほかには、動作を省いたり、加えたり、歌は心のなかでうたって振りだけやったり、先生だけ違う振りをしたりと、1つのパターンだけでなく、いろいろなパターンを考えておくと安心ですね。

Q. 歌や振りを間違えてしまったらどうする？

A. 子どもたちと遊んでいく過程で、いろいろな工夫や発展が加わるのは大いに楽しいことですが、はじめから間違えて意味がわからなかったり、子どもたちが混乱するようでは困りますね。そんなときは、正直に「もう1度はじめからやるね」とやり直しましょう。

3歳児と楽しむ 手遊び

選ぶときのポイントと手遊び紹介

3歳児の歌やリズムの楽しみ方

　まず、3歳児の子どもたちは、どのような様子なのか、考えてみましょう。

　このころになると、まわりの大人たち、子どもたちとしっかりとした会話ができるようになります。また手先・指先の運動面で、丸を描いたり、はさみを使ったりできるようになります。

　そして、歌やリズムを楽しみ、積極的にうたおうとしはじめます。でも、まだ歌詞やメロディーを正確にうたうというよりも、お気に入りの部分だけうたったり、語尾の部分だけうたったりというように、歌の全体の雰囲気を楽しんでいることが多いようです。

身近なものを表現する手遊び

　このころの子どもたちは、まだ抽象的なものを頭のなかでイメージする力が、あまり発達していないので、歌詞が複雑なストーリーになっているようなものよりも、身近にあるものが出てくる、単純な手遊び、たとえば、「おはなしゆびさん」や「お弁当箱」などがなじみやすく、楽しんでできます。

じゃんけんを取り入れた遊び

　じゃんけんを取り入れた手遊びはいろいろあります。じゃんけんは、体力差・年齢差が勝負に直接影響せず、だれでもが遊べます。

　たとえば、「げんこつ山のたぬきさん」などはよく知られていて、振りや歌もかんたんなので、3歳児に向いています。ただし3歳児には、まだ、じゃんけんのルールを理解していない子も多いので、ルールや勝負にこだわらず、はじめのうちは、先生のまねをして楽しみましょう。たとえば、まずはじめは、グーとチョキとパーの形を子どもたちに確認させてから、「じゃんけんぽん」で先生と同じ形を出す「まねっこじゃんけん」で十分に楽しんでから、徐々にじゃんけんのルールを取り入れた遊びへと移行していけばよいでしょう。

手遊び紹介

「靴屋のおじさん」
吉本澄子／『手あそび指あそび』／玉川大学出版部／1987

「糸まきのうた」として広く親しまれている手遊びです。大小の靴に合わせて、歌や動きを変えるなどのアレンジをして遊びましょう。

「大きなタイコ」
二階堂邦子／『手あそびうた50 第1集』／学事出版／1981

言葉と動作に相互性があり、強―弱の表現で遊ぶ手遊びです。タイコやカスタネットの楽器遊びに発展させることもできます。

「かぜひききつね」
阿部直美／『この指とまれ、手遊び広場』／小学館／1985

指できつねの形をつくり、リズミカルに遊びましょう。お父さんきつねにしたり、赤ちゃんきつねにして遊んでも楽しいでしょう。

「グーチョキパーのうた」
吉本澄子／『手あそび指あそび』／玉川大学出版部／1987

明るく覚えやすい曲にのって、グーチョキパーで遊びます。はじめのうちはゆっくりと模倣させて、じゃんけんの形を覚えましょう。

手遊びのポイント

手の動きをはっきりと!!

まず1番大切なことは、3歳児は模倣の時期ですから、手の動きをはっきりと示してあげることです。

子どもたちは、それが興味をひくものであれば、大人や年長児たちがしていることをどんどん模倣しようとします。模倣するためには、わかりやすいお手本が必要です。言葉であれこれ説明するより、ゆっくり、はっきり、大きな動きで繰り返し見せてあげることが大切です。その場合、右手、左手をとくに意識する必要はありません。利き手に個人差もありますし、右手か左手かに頭を使うより、楽しんで遊ぶことのほうが大切なことでしょう。

正確にできることより、楽しむこと!!

この時期、手先、指先の運動面での発達には、かなり個人差があります。たとえば「おはなしゆびさん」のように、指を1本ずつ出すこと、とりわけくすり指だけを立てることはかなりむずかしい動きになります。ほかにも、じゃんけんのチョキが出しにくい子どもも見られます。このように、一つ一つの動きが完璧にはできない場合もありますが、手遊びは、手・指先の運動機能の訓練のためだけに行うものではありません。たとえ、うまくできなくても楽しむこと、いっしょに遊べることをほめてあげましょう。

実 践 例

【 いっぽんばし いっぽんばし 】

① 片方ずつ、人差し指を出し、頭の上で山の形をつくる。

♪いっぽんばし いっぽんばし おやまになっちゃった♪

② 片方ずつ、2本の指を出し、めがねの形をつくる。

♪にほんばし にほんばし めがねになっちゃった♪

③ 片方ずつ、3本の指を出し、くらげの形をつくり、指をゆらゆら動かす。

♪さんぼんばし さんぼんばし くらげになっちゃった♪

④ 片方ずつ、4本の指を出し、あごの下でひげの形をつくる。

♪よんほんばし よんほんばし おひげになっちゃった♪

⑤ 片方ずつ、5本の指を出し、小鳥の羽の形をつくり、手をひらひら動かす。

♪ごほんばし ごほんばし ことりになっちゃった♪

いっぽんばし いっぽんばし

作詞／湯浅とんぼ 作曲／中川ひろたか

いっ ぽん ば し いっ ぽん ば し おやまに なっちゃっ た
に ほん ば し に ほん ば し めがねに なっちゃっ た
さん ぼん ば し さん ぼん ば し くらげに なっちゃっ た
よん ほん ば し よん ほん ば し おひげに なっちゃっ た
ご ほん ば し ご ほん ば し ことりに なっちゃっ た

【 コロコロたまご 】

① 両手を握り、クルクル回す。

♪コロコロたまごは♪

② 右手をグーにして、左手でいい子いい子となでる。

♪おりこうさん♪

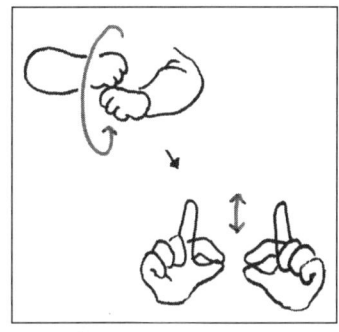

③ ①と同様に、両手をクルクル回してから、両手の親指と人差し指を2回閉じたり開いたりする。ひよこの動作。

♪コロコロコロコロひよこになった♪

④ ③のひよこの動作を4回して、ひよこをなでる。次に、またひよこの動作を4回。

♪ピヨピヨひよこはおりこうさん　ピヨピヨピヨピヨ♪

⑤ 両手とも、全部の指を2回閉じたり開いたりする。こけこ（にわとり）の動作。

♪こけこになった♪

⑥ ①の動作、③の　　の⑤のこけこの動作をしてから、"よ"のところで拍手を1回して、両手を上から下へおろす。

♪コロコロピヨピヨコケコッコ　コケコとないたら　よがあけた♪

コロコロたまご

作詞／不　明　採譜／二階堂邦子

コロコロ　たまごは　おりこうさん　コロコロ　コロコロ　ひよこに　なった
ピヨピヨ　ひよこは　おりこうさん　ピヨピヨ　ピヨピヨ　こけこに　なった
コロコロ　ピヨピヨ　コケコッコ　コケコと　ないたら　よ　が　あけた

【 握手でこんにちは 】

① 人差し指を左右とも出して、からだの腰のあたりから胸のあたりまでもってくる。
♪てくてく　てくてく　歩いてきて♪

② 左手の指と右手の指をカギ形に組み合わせる。
♪あくしゅで♪

③ 両手の指を曲げてあいさつする。
♪こんにちは♪

④ 両手の指をひらひらさせながら、うしろにかくす。
♪ごきげんいかが♪

⑤ 両手を口のところにもってきて、指を開いたり閉じたりする。
♪もにゃもにゃもにゃもにゃおはなしして♪

以下、②・③・④と同じ動作。
♪あくしゅでさよなら　またまたあした♪

握手でこんにちは

作詞／まどみちお　作曲／渡辺茂

てくてく　てくてく　あるいてきて　あくしゅで
もにゃもにゃ　もにゃもにゃ　おはなしして　あくしゅで
こんにちは　ごきげんいかがー
さようなら　またまたあしたー

【 1丁目のドラねこ 】

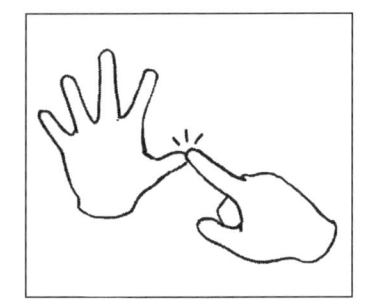

① 左手を開き、右手の人差し指で、親指の頭を軽く打つ。

♪いっちょうめのドラねこ♪

② ①と同じ動作で人差し指を打つ。以下、5ちょうめのねずみまで、中指、薬指、小指と同じ。

♪2ちょうめのクロねこ……5ちょうめのねずみは♪

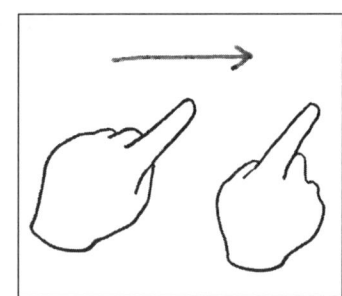

③ 左右の人差し指を曲げ、そろえて右へ動かす。

♪おいかけられて♪

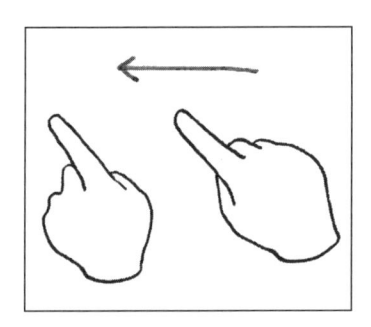

④ ③と反対に、左へ動かす。

♪あわててにげこむ♪

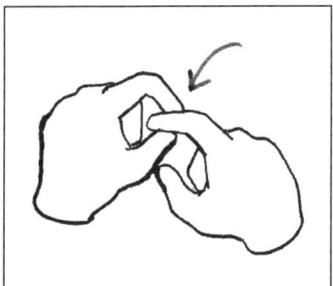

⑤ 右手人差し指を左手の輪に入れる。

♪あなのなか♪

⑥ 両手で、ねこの耳をつくる。

♪ニャオー♪

1丁目のドラねこ

作詞・作曲／阿部直美

いっ ちょう め の ドラ ね こ に ちょう め の クロ ね こ さん ちょう め の ミケ ね こ よん ちょう め の トラ ね こ ご ちょう め の ねずみ は おいかけ られて あわてて にげこむ あなのなか ニャオ

4歳児と楽しむ　手遊び

選ぶときのポイントと手遊び紹介

友達関係が広がり、言葉も増える時期

次に、4歳児の様子を考えてみましょう。

4歳児くらいになると、3歳児にはまだ希薄だった友達とのかかわりが広がってきます。気の合う友達ができたり、友達といっしょに活動することに喜びを感じるようになり、仲間意識が強くなりはじめます。

言葉の数が激増するのもこの時期で、「おしゃべりしたい」という気持ちが強くなる子どもがたくさん見られます。

ストーリー性のある手遊び

このころになると、抽象的なイメージを思いうかべることが少しずつできるようになるので、かんたんなストーリー性のあるもの、たとえば、「山小屋いっけん」というような手遊びも、歌詞を追いながら、ストーリーを感じて楽しめるようになるでしょう。

また、「小さな畑」（本書p.92参照）の手遊びも、種をまいたことにより花が咲いたというように、時間の経過が感じられるストーリー性のある手遊びです。

アレンジのできる手遊び

3歳児向きの手遊びでも、テンポを速くしたり、振りを変えて、少しむずかしくしたり、いろいろな工夫をすることで、4歳児でも、十分に楽しめるようになります。

たとえば、「お弁当箱」の手遊びなら、ぞうさんのお弁当にしたり、ありさんのお弁当にしたり、また、「お母さんが、お寝坊したから、大急ぎでお弁当作らなくちゃ！」と言って、テンポを速くするなど、さまざまに工夫してみましょう。

また、「トントントントン、ひげじいさん」の手遊びも、4歳児向けにしたかったら、ひげじいさん、こぶじいさんなどの順番を変えてみたり、声を出さずに心のなかだけでうたい振りだけするなど、3歳児よりも、一段ランクアップした遊び方をいろいろ考えてみましょう。

手遊び紹介

「大型バス」
吉本澄子／『手あそび指あそび』／玉川大学出版部／1987

明るいメロディーにのって、動きも大きく仲間同士のふれあいもできるとても楽しい手遊びです。

「カレーライス」
吉本澄子／『手あそび指あそび』／玉川大学出版部／1987

交互唱を伴った模倣の手遊びです。長い歌ですが、子どもの大好きななじみ深い題材なので、楽しんで遊べます。

「やきいもグーチーパー」
吉本澄子／『手あそび指あそび』／玉川大学出版部／1987

じゃんけんの勝負にこだわらずに、みんなで楽しくうたって遊べるじゃんけん手遊びの1つです。慣れてくれば、勝負を取り入れましょう。

「私は猫の子」
吉本澄子／『手あそび指あそび』／玉川大学出版部／1987

歌詞も動きもかわいらしい手遊びです。「猫の子」を「ドラ猫」にしたり、「ショボ猫」にしたり、いろいろなイメージで表情豊かに遊びましょう。

手遊びのポイント

子どものおしゃべりものがさずに

この時期の子どもたちは、楽しければ楽しいほど自分の気持ちを表現したい、先生に伝えたいという思いが強くなります。

そんな子どもたちの発言をむやみに止めてしまうのではなく、それがアレンジに生かせる発言かどうかを聞き分けましょう。

たとえば、「パンやさんにおかいもの」のときに、「きのうお父さんとパン買った！」という発言があれば、「じゃ今度はお父さんがパンやさんに行くから、お父さんみたいな声でやろうね」というように、子どもたちの気持ちを取り入れながら遊べば、よりいっそう生き生きとした手遊びとなるでしょう。

場面が浮かぶような表現で

この時期になると、ただ単に手や指を動かすだけでなく、イメージしながら手遊びができるようになります。

ですから、先生は常に子どもたちがイメージしやすいように、「まがりかど」ではそれぞれ声色を変えてみたり、「山小屋いっけん」では、うさぎのおびえた様子やホッと安心した気持ちを表情豊かに表したりするとよいでしょう。

実　践　例

【 かなづちトントン 】

① 右手を握って、上下に振りながら、ひざをたたいて、リズムをとる。

♪かなづちトントン　いっぽんでトントン　かなづちトントン　つぎは2ほん♪

② 両手こぶしで、両ひざをたたき、リズムをとる。

♪かなづちトントン　2ほんでトントン　かなづちトントン　つぎは3ぼん♪

③ 両手こぶしでひざを、右足で床をたたき、リズムをとる。

♪かなづちトントン　3ぼんでトントン　かなづちトントン　つぎは4ほん♪

④ 両手こぶしでひざを、両足で床をたたき、リズムをとる。

♪かなづちトントン　4ほんでトントン　かなづちトントン　つぎは5ほん♪

⑤ 両手こぶしでひざを、両足で床をたたき、頭を振りながら、リズムをとる。

♪かなづちトントン　5ほんでトントン　かなづちトントン　これで♪

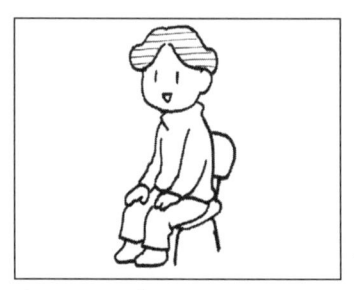

⑥ 両手をひざにおく。

♪おしまい♪

かなづちトントン

作詞／幼児さんびか委員会　曲／外国曲

かなづち　トントン　いっぽんで　トントン　かなづち　トントン　つぎは　にほん
にほんで　つぎは　さんぼん
さんぼんで　つぎは　よんほん
よんほんで　つぎは　ごほん
ごほんで　これで　おしまい

【 グーチョキパーでなにつくろう 】

① 両手でグーチョキパーを順番で2回出す。

♪グー・チョキ・パーで、グー・チョキ・パーで♪

② 両手をひらひらさせながら、上から下へおろす。

♪なにつくろう なにつくろう♪

③ 右手をグーに、左手をチョキにする。

♪みぎてはグーで ひだりてチョキで♪

④ 左手チョキの上に、右手グーを重ねて、かたつむりにする。

♪かたつむり かたつむり♪

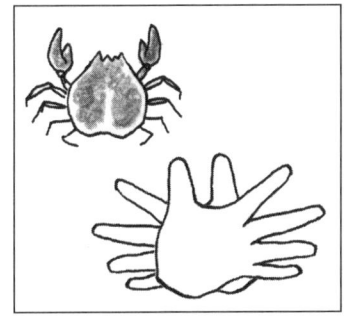

⑤ ほかに、両手をパーにして重ねて、かにをつくる。

♪みぎてはパーで ひだりてパーで かにさん かにさん♪

⑥ 両手をパーにして親指を重ねて、ちょうちょをつくる。

♪みぎてはパーで ひだりてパーで ちょうちょ ちょうちょ♪

グーチョキパーでなにつくろう

作詞・作曲／不明（フランスの歌）

グー チョキ パー で グー チョキ パー で なに つくろう なに つくろう

みぎては グーで ひだりては チョキで かたつむり かたつむり

【 小さな畑 】

① 指で四角をつくる。
♪ちいさな　はたけを♪

② 畑をたがやすように両手をゆらゆら動かす。
♪たがやして♪

③ 左手の輪から、右手で4回種をまく動作をする。
♪ちいさなたねを　まきました♪

④ 両手を胸の前であわせ、ゆれながら上にのばす。
♪ぐんぐんそだって♪

⑤ 両手を上から下にひらひらさせながらおろす。
♪はるがきて♪

⑥ 合わせた手をパッと開く。ポッ！は小さく、ホワッ！は少し大きく、ワ！は両手を広げて大きく。
♪ちいさなはなが　さきました　ポッ！♪

小さな畑

作詞・編曲／不　明

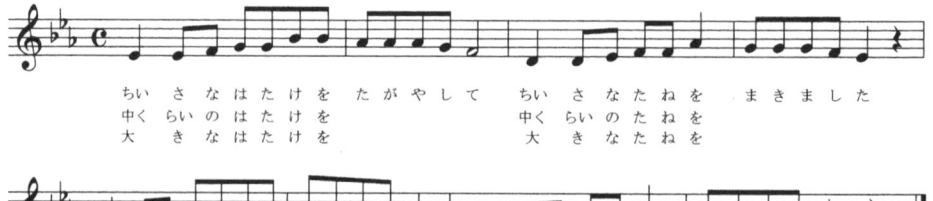

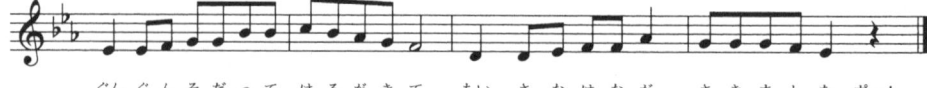

ちいさなはたけを　たがやして　ちいさなたねを　まきました
中くらいのはたけを　　　　　　中くらいのたねを
大きなはたけを　　　　　　　　大きなたねを

ぐんぐんそだって　はるがきて　ちいさなはなが　さきました　ポッ！
　　　　　　　　　　　　　　　中くらいの　　　　　　　　　ホワッ！
　　　　　　　　　　　　　　　大きな　　　　　　　　　　　ワ！

5歳児と楽しむ　手遊び

選ぶときのポイントと手遊び紹介

目的意識をもち、挑戦しようとする力が育つ時期

　5歳児になると、「ぼくは、今、虫の絵が描きたい」とか「積み木をこう組み立てて、基地を作りたい」というように、目的意識をはっきりともって、いろいろなことに積極的に取り組み、最後に完成させたときに達成感がもてるところまで、その意志を持続できる子どもが多くなります。

　新しい歌やゲームなどに興味を示し、挑戦しようとする力が育ちます。そのうえに、自分なりの表現や工夫を加えることもできるようになります。

さまざまな工夫をこらした手遊び

　むずかしいことに挑戦したい気持ちが強くなるので、1つの手遊びでも、さまざまな工夫を加えていきましょう。

　工夫の仕方も、ただ単に、テンポを速める、振りを変えるなどのほかに、輪唱のように歌の追いかけっこをしながら手遊びをしたり、ある部分、またはある文字だけ抜かしてうたう（たとえば、「あんたがたどこさ」のなかの"さ"の字のときだけ、うたわずに、代わりに手で口をふさぐ）など、いろいろと考えられますね。豊かな創造力をもつ子どもたちの気持ちを上手に引き出して、いろいろなアレンジを加えていきましょう。

むずかしい振りの手遊び

　5歳児は、さまざまな場面で、1つ上の段階へと挑戦し、伸びようとする意欲がわきでてくる時期です。

　手先・指先の器用さも、3、4歳児に比べると、一段と発達してきますので、振り自体がむずかしいものも、喜んで挑戦します。

　たとえば、「鬼のパンツ」「かえるの夜まわり」「茶つぼ」などは、テンポを速めると大人でもけっこうむずかしいものですが、子どもたちは大好きです。できたときの達成感も味わえるので、子どもたちといっしょに、大いに楽しみましょう。

手遊び紹介

「キツツキの歌」
二階堂邦子／『手あそびうた40 第4集』／学事出版／1991

よく知られているメロディーにのせて、ストーリー仕立てに次々と動作が加わる、とても楽しい積み重ね歌の手遊びです。

「サラスポンダ」
二階堂邦子／『手あそびうた50 第2集』／学事出版／1985

なじみ深いメロディーにのり手拍子を中心としたリズミカルな手遊びです。リズムにのった動きは繰り返しすることでできるようになるでしょう。

「5つのメロンパン」
二階堂邦子／『手あそびうた35 第3集』／学事出版／1988

パンがひとつずつなくなっていくところにかんたんな数への認識を取り入れた手遊びです。パンの種類やお客さんを変えて、表情豊かに楽しんで遊びましょう。

「あら、どこだ」
二階堂邦子／『ワン・ツー・スリー・フォー手あそびうた40 第4集』／学事出版／1991

いろいろな動物が次々と出てくるリズミカルな楽しい表現遊びです。手の動きはかんたんなのでそれぞれの動物の姿をよく思い浮かべながら遊びましょう。

手遊びのポイント

手遊びを通して目標をもたせよう

5歳児になると、挑戦する気持ち、成し遂げようとする気持ちが強くなります。ですから、ときには、「みんなができるようになるまで、毎日繰り返しやってみよう」というような目標を立てたり、自分たちだけのオリジナルな手遊びをつくろうという目標を立てるなどして、子どもたちの意欲や創造力を引き出し、達成感や一体感を得られるよう意識してのぞみましょう。

ひとつ上へと導く気持ちをもって

3、4歳児と、心も体も十分に手遊びを楽しむ時期を過ごしたら、次に5歳児では、楽しむ気持ちにもうひとつのポイントを加えましょう。それは、手遊びを通じて、音楽的に運動的に、ひとつ上の段階へと導いてあげることです。

子どもたちの様子をよく見きわめて、リズムや動きをむずかしくしたり、ときには、手遊びのリーダーを子どもにまかせてみたりして、できたときには、大げさなくらいたっぷりとほめてあげて、自信につなげてあげましょう。

実践例

【 1匹の野ネズミ 】

① 左の人差し指を出し、動かしながら、上にあげる。

♪いっぴきの のねずみが♪

② 右の人差し指を出し、動かしながら、上にあげる。

♪あなぐらに やってきて♪

③ 両手の人差し指を4回打ち合わせる。

♪チュチュチュチュ チュチュチュチュ おおさわぎ♪

④ 両手の人差し指を動かしながら、うしろにかくす。

♪おおさわぎ♪

以下、2本指、3本指、4本指、5本指と増えるごとに①②③④と同じ動作。
ただし、③のとき、2本指で、
　　　　チュチュチュチュ、チュチュチュチュ、
　　　　チュチュチュチュ、チュチュチュチュと8回打ち合わせる。
　　　　3本指で12回打ち合わせる。
　　　　4本指で16回打ち合わせる。
　　　　5本指で20回打ち合わせる。

1匹の野ネズミ

作詞／鈴木一郎　採譜／二階堂邦子

いっぴきの　のねずみが　あなぐらに　やってきて
にーひきの　のねずみが　あなぐらに　あつまって

チュ チュ チュ チュ チュ チュ チュ チュ　（　　　　　）おおさわぎ
チュ チュ チュ チュ チュ チュ チュ チュ　チュチュチュチュチュチュチュチュ

【 かえるの夜まわり 】

① 拍手を8回する。
　♪かえるのよまわり♪

② 両手をパッと広げて前にのばし、2回前に押し出す。
　♪ガッコ　ガッコ♪

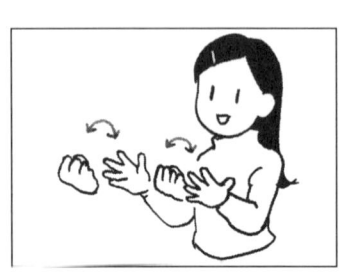

③ 両ひじを曲げ、胸にひきよせる。
　♪ゲッコ♪

④ 両手を曲げたまま、手のひらを上に向けて、2回閉じたり、開いたりする。
　♪ピョン　ピョン♪

⑤ ラッパをもつ指の形をする。
　♪ラッパふけ　ラッパふけ♪
　♪それふけ　もっとふけ♪

以下、ガッコのときは②、ゲッコのときは③の動作を、ガッコのあとのピョンは、両手をのばして手のひらを上に向けて閉じて、開き、ゲッコのあとのピョンは、両手を胸にひきよせ、手のひらを上に向けて閉じて、開く。

かえるの夜まわり

作詞／野口雨情　作曲／中山晋平

かえるのよまーわり　ガッコガッコゲッコピョンピョン
ラッパふけラッパふけ　ガッコゲッコピョン　それふけもっとふけ　ガッコゲッコピョン
ガッコガッコガーコ　ピョンコピョンコピョン　ゲッコゲッコゲーコ
ピョンコピョンコピョン　ガッコピョンゲッコピョン　ガッコゲッコピョン

【 さあ　みんなで 】

① 輪や横の列になって座り、曲に合わせて拍手をする。

♪さあみんなが　みんながあつまった♪

② 右隣の人を指さし、肩をたたく。

♪おとなりさんの　かたたたこう♪

③ 左隣の人を指さし、ひざをたたく。

♪おとなりさんの　ひざたたこう♪

④ 肩とひざを同時にたたく。

♪いっしょにトントントントントン♪

⑤ 曲に合わせて拍手をする。

♪さあみんなが　みんながあつまった♪

⑥ 慣れてきたら、ほかのやり方で、「頭なでよう」「鼻つまもう」など、やってみましょう。

さあ　みんなで

作詞・作曲／浅野ななみ

さあ　みんながみんなが　あつまった　おとなりさんの　かたたたこう　おとなりさんの　ひざたたこう　いっしょにトントントントントン　さあみんながみんなが　あつまった　さあ　あつまった

その他、知っておきたいこと!!

統合学級の場合

　いろいろな障害をもつ子どもといっしょに手遊びを楽しむときに、障害のあるあの子がいるから無理だろうとか、障害のある子どもに合わせなくては、というような心配はいりません。必要なのは、その子ができるか、できないかではなく、その子なりに、みんなといっしょに楽しめるかどうかです。ですから、その子が「できる」ための配慮ではなく、「楽しむ」ための配慮を考えましょう。

　たとえば、手先・指先が不自由な子どもたちには、必要があれば（その子が望むのであれば）軽く手を添えて、動かすのを手伝ってあげてもよいでしょう。ただ、その子がたとえできなくても、自分でやりたい、動かしたいと思うならば、その子の動きにまかせましょう。

　また、集中するのが苦手な子どもには、言葉かけはしながらも、無理に動かそうとはしないでください。子どもたちの琴線に触れるキーワードは、それぞれ違います。もしかしたら、みなさんの選んだ手遊びのなかの何かが、その子どものキーワードになり、すんなりと手遊びをいっしょに楽しめるかもしれませんし、また反対に、キーワードにかからなければ、手遊びには、なかなか入れないかもしれません。そのことを頭に入れておいて、くれぐれも手遊びを強制して、子どもたちの心に苦痛を与えないようにしましょう。

　みなさんとまわりの子どもたちが、手遊びを心から楽しんでいれば、その気持ちは、何らかの形で、何らかのときに、その子どもたちのところにも届いてくれるでしょう。それを願いながら、いっしょに楽しいときを過ごしてほしいと思います。

　具体的には、一斉に手遊びをするときに、常に言葉をかけ、目をしっかり合わせておくように心がけ、ほかの子どもたちが、その手遊びになじんできたところで、必要であれば、その子どものところへいき、だっこしたり、手を添えていっしょにするなどして、「いっしょに遊ぼうよ。楽しいよ」という気持ちを送ってあげましょう。

縦割学級の場合

　縦割、おもに、3・4・5歳児の場合、どの年齢に合わせるか、迷うところだと思います。

　3・4・5歳、それぞれ手先・指先の発達の程度も理解力の程度も、もちろん違います。ですから、1つの年齢だけにポイントを合わせ、1つの遊び方しか考えずにすると、他の年齢の子どもたちがあきてしまうのは当然のことです。

では、どうすればよいでしょうか。それは、あえて１つの年齢にしぼらないことです。前にも述べましたように、手遊びはさまざまなアレンジができる応用性のある遊びです。
　たとえば、「茶つぼ」の手遊びでしたら、はじめは、ごく普通に片手で湯飲み茶わんをつくり、もう一方の手で拍打ちで手のひらを上下につけて遊びます。次は、ふたと底の手をリズム打ちで動かします。さらに、その次には湯のみ茶わんにする手と、ふた、底の手を交互に変えて拍打ちで動かします。最後には、同じことをリズム打ちでします。パターンが変るごとに「じゃ、今度は麦茶を入れましょう」とか「ジュースを入れると、こんなふうに動くよ」というように楽しい言葉かけも忘れずにしましょう。
　こうして、１つの手遊びを、はじめは普通に、それから少しずつむずかしくしていけばよいのです。むずかしくなったときに、３歳児ができなくなるのではと、心配なさるかもしれませんが、大丈夫です。流れに乗ってくれば、実際には、振りについていけなくても、雰囲気で十分に楽しんですることができます。
　この場合に、気をつけなくてはいけないのは、一つ一つのパターンにあまり時間をかけ過ぎないことです。あまり、１つの遊び方ばかりしているとあきてしまうので、テンポよく、子どもたちの様子をよく見きわめながら、進めましょう。
　ちなみに、だんだんとパターンをむずかしくしていくときに、パターンごとに年齢別に区切って遊ばせる必要、つまり、「今度はむずかしいから、年長さんだけやりましょう」とか「年少さんは見ているだけね」というような配慮を常にしなくてもよいと思います。同じ年齢でも、個人差がありますし、また、「年長さんがやっているむずかしいことを、ぼくもいっしょにやってるんだぞ」という気持ちを３、４歳児がもつことは、次への向上心につながります。

３歳児未満の場合

　３歳児未満の子どもたちの手遊びは、大きく２つに分けられます。
　１つは、特定の人（お母さんなど）を見分けてほほえむことのできる生後５か月くらいから２歳未満までのおもに赤ちゃんのためのものと、もう１つは３歳未満の幼児のためのものです。
　はじめに、赤ちゃん時代に向く手遊びについて考えましょう。
　手遊びのなかには「ふれあうことの喜び」「スキンシップ」を要素としているものがあります。これらは、赤ちゃんをあやすときに、だれでもがやったことのある「ちょちちょちあわわ」「かいぐりかいぐりとっとの目」「おつむてんてん」「いないいないばあ」「上がりめ下がりめ」などのわらべうたに多く見られます。そのゆっくりとしたテンポとリズムが心を安定させ、何よりも顔やからだにやさしく触れたり、目と目をしっかりと合わせることで、大人への安心感、信頼感が生まれます。子どもたちが赤ちゃん時代

にこうした手遊びをたっぷり経験することは、社会性の芽を育てる第一歩として、大切な心の栄養となります。

　次に３歳未満の幼児については、それ以降の年齢の子どもたちが楽しむ手遊びとさほど変わらずに遊ぶことができます。ただ、やはり、４、５歳児のように集団ではなく、一対一、あるいは少数での集団でゆっくりと心のコミュニケーションを楽しむのがよいでしょう。

さらに、学びたい人へ!!

『手あそび指あそび・歌あそびブック』①　鈴木みゆき／ひかりのくに／1996
　０～３歳児に向いているごくかんたんな手遊びを集めたものです。振りもわかりやすいイラストで解説してあり、アレンジの仕方なども書いてあるので、見やすいでしょう。

『この指とまれ、手遊び広場』　阿部直美／小学館／1985
　それぞれの手遊びの導入の仕方が具体的な例として書いてあり、応用ものっています。はじめて実習するときに、この導入の仕方の部分は、とても参考になるでしょう。

『あがりめ、さがりめ　手あそびうた50　第1集』　二階堂邦子／学事出版／1975～1996
『まつぼっくり　手あそびうた50　第2集』
『じゃんけんぽん　手あそびうた35　第3集』
『ワン・ツー・スリーフォー　手あそびうた40　第4集』
『おててがパッ　手あそびうた40　第5集』(全5巻)
　どれも、ていねいなイラスト説明・楽譜つきで、とにかくたくさんの楽しい手遊びが集められています。本書で取り上げた手遊びも、このシリーズから数多く紹介していますので、ぜひ参考にしてください。

『手遊び指あそび』　吉本澄子／玉川大学出版部／1987
　１～６歳の年齢別に適した手遊びが、約250編掲載されています。種類も豊富でわかりやすくイラストで解説されています。

『子供が喜ぶ手遊び歌』　阿部直美／世界文化社／1985
　幼稚園教諭・園長を経て、長年、保育の現場で実践を重ねられた著者により、一つ一つの手遊びに詳しい解説・対象年齢・遊び方・指導のポイントが具体的に記されています。

ペープサート

ペープサートの魅力

　子どもはどんなに幼くても目からの刺激がいちばん入ります。紙に人物や動物などを描き、切り取って棒につけたものだけでできあがるペープサートを目の前に出してみましょう。子どもたちは「何だろう？」と表情を変えます。歌と動きで構成されているものであれば、子どもたちも自然に身体が動き楽しくなってくるのです。また、子どもが知っているお話がはじまれば、目をキラキラさせ胸をわくわくさせてそのお話の世界に入り込んでいきます。
　このようにペープサートは、子どもがよく知っている歌や絵本、童話などをもとにして、容易に製作することができます。また、演じる保育者のオリジナリティを生かしながら楽しさを伝えることができますから、アイディアしだいで、いくつものバリエーションができることでしょう。保育者と見ている子どもたちが楽しさを共有できる文化財のひとつです。

ペープサートを行うときに

ペープサートとは？

　大正時代に、紙芝居の一つとしてあった立絵芝居が戦後「ペープサート」という名称をつけて、保育教材として復活しました。「紙で作った人形が芝居をする」ということから「紙人形劇場」と考え、「ペーパー・パペット・シアター (Paper-Puppet-Theater)」を縮めて、「ペープサート」(peputheat) という名称が考案されたのです。

ペープサートの特性

1. **手軽につくることができます**
　　厚手画用紙やボール紙に絵を描いて、わりばしなどの棒につけ、2枚の絵をはり合わせて、かんたんにつくれます。また、子どもにも製作として手軽にできるものです。

2. **操作がかんたんです**
　　棒を持って動かすだけなので、子どもにもかんたんにでき、楽しめます。

3. **ひっくり返して変化する効果を生かします**
　　表と裏側にそれぞれ異なった絵を描き、ある場面でひっくり返し、その変化を楽しむのもペープサートのおもしろさです。この特性を活用し、子どもにそのおもしろさを体験してもらうこともよいでしょう。

基本的なペープサートの つくり方

① しっかりした紙に絵を描き、色づけをし紙人形をつくる。(表と裏の両方をつくると人形の表情なども変えられ、便利！)

② 絵に合わせ、大きく切り取り、わりばしなどの棒で持ち手をつける。

ペープサートの活用

　いろいろな活用の仕方があります。1つは保育者が製作し、保育者が操作して子どもたちに見せます。ときには、これを子どもたちに自由に操作させて楽しむこともできます。もう1つの方法として子ども自身が製作し、演じて遊ぶやり方です。自分のつくったものを操作して遊ぶことは、子どもにとって楽しいことです。とくに年長ぐらいになると集団で楽しむことができるようになりますので、子どもたち同士で1つの作品をつくりあげることも可能になります。

ペープサートは、保育のなかで保育者のアイデアしだいでどのようにでも活用できます。子どもは具体的な絵を見ながらイメージをふくらませていきやすいので、いろいろな活動の導入に使ったりして、手軽に活用できます。

1．お話ペープサート
　絵本を土台にして、それをペープサートにしてみると楽しいです。その際、裏面をどのように活用し、変化させてその効果をもたせるかは製作者の創意工夫によります。

2．歌のペープサート
　歌に登場する動物や人をペープサートにし、それを動かしながらいっしょにうたって楽しみましょう。子どもはペープサートを見ながらうたうので、その歌詞のイメージが明解になります。また、それを動かしながらうたうと指揮棒がわりにリズムをとることもできます。

3．なぞなぞペープサート
　なぞなぞやクイズなどは、言葉だけで子どもに伝えてもその言葉やイメージが伝わりにくいものです。そこで、それを絵に描いてペープサートにしてみるとより具体的でよい教材となります。表面にヒントを描いて見せ、裏面に答えを描いておきます。ただし、保育者が考えておいた答えでないものも子どもからはよく出てきますので、そのようなときの対応も考えておきましょう。

こんなとき、どうする！？　―よく起こるトラブルへの対処―

Q. はじめようとしても席につかない子どもがいます。また、おしゃべりしていて静かになりません……。

A. 演じ手は、子どもたちが見える場所に立ち、楽しいことがはじまることをはっきり伝えます。演じ手があちこち動いてしまうと、子どもたちはかえって落ち着きません。

Q. 集中しなかったり、つまらなそうな表情をしている子がいて、反応が少ないと思われるときはどうすればいいでしょう？

A. 何か集中できない原因があるのか確認してみましょう。紙切れ1枚、ハンカチ1枚でも、それが気持ちをそらす原因になっていることもありますので、それらはしまっておくように伝えましょう。また、取り上げた題材がふさわしいものであったかどうかも、終了後、評価・反省することが大切です。

Q. 演じている最中に子どもが話しかけてくるので、中断してしまいます……。

A. よくあることです。そうしたときには、うなずきながら子どもの反応がおさまったころ、「次のお話するよ、聞いてね」と伝えます。

3歳児と楽しむ ペープサート

選ぶときのポイントと作品紹介

　絵本のなかに出てくる動物や物が動くおもしろさが伝わるような、かんたんな作品や歌・手遊びを選びましょう。単純で繰り返しのあるお話にかんたんな歌をつけるといっそう子どもたちをひきつけます。わかりやすく、テンポのいいものにします。

作品紹介

「こぶたぬきつねこ」
　　阿部直美／『指あそび 手あそび100』／チャイルド社／1978
かんたんでよく知られている歌遊びです。
「こぶた・たぬき・きつね・ねこ
こぶた・ブウブウ、たぬき・ポンポコポン
きつね・コンコン、ねこ・ニャーオ
ブブブ、ポンポコポン、コンコン、ニャーオ」

『ぞうくんのさんぽ』
　　なかのひろたか／福音館／1968
　いいお天気なので、ぞうくんはさんぽに出かけました。かばくんに会い、かばくんを背中に乗せます。わにくん、かめくんも背中に乗せおさんぽです。重くなって転んでしまい、みんな池の中におっこちてしまいます。

「やさいのうた」
　　吉本澄子／『手あそび指あそび』／玉川大学出版部／1987
「トマトはとんとんとん、キュウリはきゅっきゅっきゅっ、キャベツはきゃっきゃっきゃっで、ダイコン、こんこんこん」の歌遊び、手遊びをペープサートにして、うたいながら順番に出していきます。

演じ方のポイント

　3歳児ですと、子どもたちがよく知っていて、日ごろ保育のなかでやっている歌遊びや手遊びをペープサートにするのがいいでしょう。「やさいのうた」は、子どもにそれぞれペープサートを持たせて、うたいながら順番に出させてみます。子どもたちは楽しんで参加するでしょう。『ぞうくんのさんぽ』は、繰り返しのおもしろさがあり、この年齢の子どもたちは大好きです。わかりやすい言葉で、主人公の動物になったつもりで演じます。ペープサートをただ動かすのではなく、演じ手が表情をつけて楽しくやると、見ている子どもも動物になりきって楽しむことができます。

実 践 例

【 さかなが はねて 】

<場面1> 　　　　　　　　<進行（せりふ）>　　　　　<やり方とポイント>

さかながはねて

①両手に持った魚のペープサートを歌に合わせて左右に振ります。

②両手を高くあげて、魚がはねているように見せます。

<場面2>

ピョン！

③手の動きだけでなく、足の動き（跳びはねる等）もつけてみるとよいでしょう。

<場面3>

あたまにくっついた
ぼうし

④両方の魚を頭に付けて、「ぼうし」に見立てます。

<場面4>

さかながはねて
ピョン！

⑤<場面1>の①、②と同様に、両手を左右に振り、両手を高くあげ魚がはねているように見せます。

〈場面5〉

おめめにくっついた
めがね

⑥両方の魚を両目に当て、「めがね」に見立てます。

〈場面6〉

さかながはねて
ピョン！

⑦〈場面1〉の①、②と同様に、両手を左右に振り、ピョンで両手を高くあげます。

〈場面7〉

おくちにくっついた
マスク

⑧両方の魚を口に当て、「マスク」に見立てます。

〈場面8〉

さかながはねて
ピョン！

⑨〈場面1〉の①、②と同様に、両手を左右に振り、ピョンで両手を高くあげます。

<場面9>

おむねにくっついた
おっぱい

⑩魚を胸にあてて、おっぱいに見立てます。

<場面10>

さかながはねて
ピョン！

⑪<場面1>の①、②と同様に、両手を左右に振り、ピョンで両手を高くあげます。

<場面11>

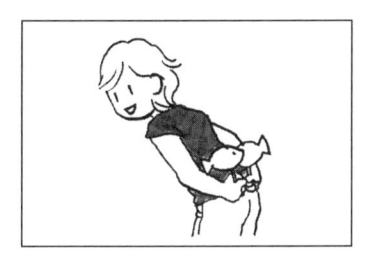

おしりにくっついた
しっぽ

⑫魚をおしりに当て、「しっぽ」に見立てます。
＊流れはシンプルですが、やり方はいろいろ考えられるので、自分なりに工夫して楽しく演じましょう。
＊他のバージョン
例）
「あごにくっついた　おひげ」
「あしにくっついた　くつ」

さかながはねて

作詞／作曲　中川ひろたか

さかなが はねて ピョン！　あたまに くっついた ぼうし

4歳児と楽しむ ペープサート

選ぶときのポイントと作品紹介

　ストーリーがあり、歌に合わせて動いていくものや次はどうなるのかなと、心がワクワクするようなものがいいでしょう。いろいろなことに興味をもつ時期なので、どうなっているのかを考えられるような作品を選びます。

作品紹介

『ぐりとぐら』
　なかがわりえこ／福音館／1963
　ぐりとぐらが甘くておいしいホットケーキをつくります。牛乳、卵、小麦粉、お砂糖……を入れてかきまぜて、材料をフライパンに入れ、火にかけてやいたら、甘くてふわふわのおいしいホットケーキができあがりました。

『おだんご ぱん』
　ロシア民話／せたていじ 訳／福音館／1966
　おばあさんの焼いたおだんごぱん。ころころ転がっていくうちに、うさぎや狼に食べられそうになります。が、愉快な歌を聞かせて逃げます。でも、きつねの口車にのってしまったおだんごぱん、どうなるのでしょう。

「もりのくまさん」
　東保編／『幼児のうた』／チャイルド社／1982
　森の中で、女の子とくまさんが出会います。女の子とくまさんのほほえましいやりとりが、歌とお話になっています。うたっていると楽しく温かさが伝わってきます。

演じ方のポイント

　作品紹介で取り上げたお話は、よく知られている子どもたちが大好きなお話です。そのお話が絵本から飛び出して動き出すおもしろさ、楽しさを表情をつけて演じましょう。ストーリーのある作品を演じるときは、あらかじめ内容をしっかりつかんでおくことが必要です。話しながら、絵人形を動かすので、テンポや間の取り方、表情などを研究して、実際に鏡の前で練習しましょう。また、子どもたちがペープサートをつくり、かんたんな舞台を使って演じることもできます。一人一人の子どもが役割を担うことで楽しめるようにしましょう。一度に全員の子どもたちが行うのは無理なので、順番に行い、友達が演じるのを見る楽しさも味わいましょう。また、子どもたちだけではまとまりにくそうなときは、保育者がいっしょに演じることで全体がまとまる場合もあります。

実践例

【 はたらく くるま 】

〈場面1〉	〈進行（せりふ）〉	〈やり方とポイント〉
	のりもの あつまれ いろんな くるま どんどん でてこい はたらく くるま	＊演じるまえに、各ペープサートを自分の前に順番に並べて、出しやすくしておきます。 ①ただ歌うのではなく、自分なりに動きを付けて歌いましょう。
〈場面2〉 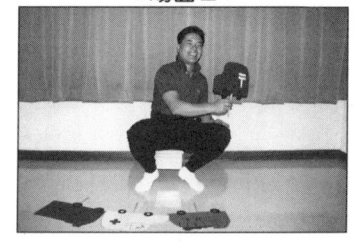	はがきや おてがみ あつめる ゆうびんしゃ	②ペープサートは車の向きを考えて、どちらかの端から、「ゆうびんしゃ」をゆっくり走っているように出します。
〈場面3〉 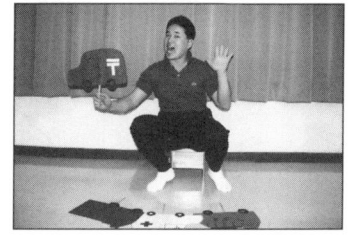	（ゆうびんしゃ）	③子どもが「ゆうびんしゃ」と言うように、動作で誘いかけをします。
〈場面4〉 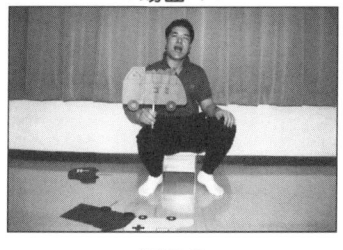	まちじゅう きれいに おそうじ せいそうしゃ	④せいそうしゃを出します。
〈場面5〉 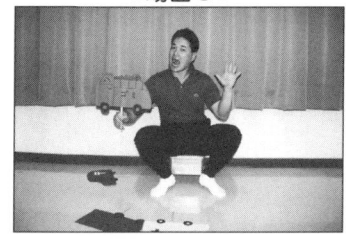	（せいそうしゃ）	⑤子どもたちが「せいそうしゃ」と言えるような誘いかけをします。

<場面6>	けがにん びょうにん いそいで きゅうきゅうしゃ	⑥きゅうきゅうしゃを出します。
<場面7>	（きゅうきゅうしゃ）	⑦子どもたちが「きゅうきゅうしゃ」と言えるような誘いかけをします。
<場面8>	ビルの かじには はしごしょうぼうしゃ （はしごしょうぼうしゃ）	⑧はしごしょうぼうしゃを出し、子どもたちが「はしごしょうぼうしゃ」と言えるような誘いかけをします。
<場面9>	いろんな くるまが あるんだな	⑨両手に2種類のペープサートを持って走らせます。
<場面10>	いろんな おしごと あるんだな	⑩残りの2種類のペープサートを持って走らせます。

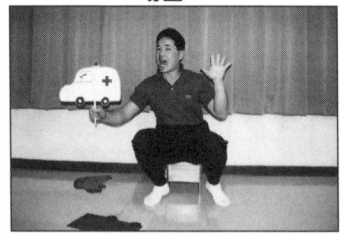

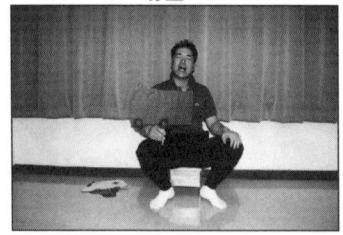

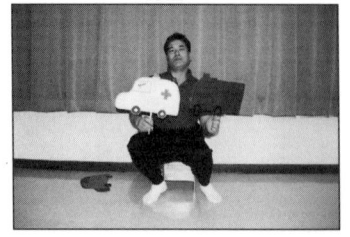

<場面11>

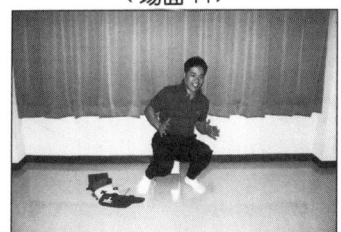

はしる はしる はたらく くるま

①すべてのペープサートを床におき、保育者が手で車が走っている動作を楽しく表現します。

＊各ペープサートを出したときに、サイレン（ピーポーピーポー、カンカンカンなど）を入れてみてもおもしろいですし、子どもたちも喜びます。

はたらくくるま

作詞／伊藤アキラ　作曲／編曲／越部信義

のりもの あつまれー いろんな くるまー どんどん でてこい
はたらくくるまー　はがきやおてがみ あつめる ゆうびんしゃ
（ゆうびんしゃ） まちじゅうきれいに おそうじ せいそう しゃ　（せいそうしゃ）
けがにんびょうにん いそいで きゅうきゅう しゃ　（きゅうきゅうしゃ） ビルのかじには
はし ご しょう ぼう しゃ （はしごしょうぼうしゃ） いろん な くるまが
あるんだ な　いろんな おしごと あるんだ
な　はしる はしる はたらくくるま

5歳児と楽しむ ペープサート

選ぶときのポイントと作品紹介

　紙芝居や絵本でよく見たり聞いたりしているお話を中心にして、そのなかの人物や動物が実際に動くペープサートの世界にします。つくりやすい作品を選びましょう。子どもたちから親しまれている民話や昔話がよいでしょう。

作品紹介

『ブレーメンのおんがくたい』
グリム童話／せたていじ 訳／福音館／1964

　年をとって仕事ができなくなったろばが、町の楽隊になるため、ブレーメンをめざして旅にでます。いぬとねことおんどりに会い、仲間に誘って歩き続けます。有名なグリムの昔話で、ユーモアにあふれた物語です。

『三びきのやぎのがらがらどん』
北欧民話／せたていじ 訳／福音館／1965

　3びきのやぎは順番に橋を渡っていきます。そこには、こわいトロルが待っています。1番大きいやぎがトロルと戦って勝ちました。

『かさじぞう』
瀬田貞二 再話／福音館／1966

　編み笠が売れなかったおじいさんは、雪のなかに立っているじぞうさまに笠をかぶせてあげます。おじいさんのやさしさを感じたじぞうたちが、餅や魚や米をおじいさんの家のまえに置いていきます。

演じ方のポイント

　5歳児はお話の世界が好きです。先生やお母さんによく読んでもらっている、親しみのあるお話をペープサートにしてみましょう。作品紹介に取り上げたお話はどれもよく知られていますので、子どもたちは内容を理解しています。ですから演じ手は、自ら登場人物になって声を変えたり、動かし方もゆっくりしたり、早くしたり、絵人形の動きに合わせて表情をつけます。やぎがガタゴト橋をわたるときの様子などは、かんたんなテンポのいい曲や歌をつけるとよりいっそうペープサートのおもしろさや楽しさが出てきます。見ている子どもたちがやぎの気持ちになったり、トロルになったりできるような雰囲気づくりを心がけて演じましょう。また、子どもたちといっしょに演じると楽しさが共有できます。

実践例

【 にんじんと ごぼうと だいこん 】

	＜進行（せりふ）＞	＜やり方とポイント＞
＜場面１＞	むかしむかし、にんじんとごぼうとだいこんが仲よく暮らしておりました。おひさまの光をあびて、どんどん大きくなりました。	*にんじん、ごぼう、だいこんの絵をペープサートの両面にはりつけます。それぞれの裏面は、土色（汚れた感じ）にしておきます。 ①にんじん、ごぼう、だいこんの土色の面を表にして出します。
＜場面２＞	ある日のこと、だいぶ大きくなったので、みんなでおふろに入ることにしました。	②お風呂は片手で持ち、にんじん、ごぼう、だいこんを近づけます。
＜場面３＞	にんじんが水をくみ、だいこんがまきを集め、ごぼうが火をたきました。ふうふう！ パチパチ！	③お湯を沸かしているようにペープサートを動かします。
＜場面４＞	「わいた、わいた。いちばーん！」と、にんじんがまっ先に飛び込みました。ドボーン！ 　まだ、ぬるいので、にんじんはじいーっとつかっていました。	④ごぼうとだいこんは下げ、にんじんだけを残します。にんじんを勢いよくお風呂に飛び込ませます。

〈場面5〉

　ひとーつ、ふたーつ、みーっつ、よーっつ。だんだん熱くなってきました。いつーつ、むーっつ、なな一つ、やーっつ、ここのーつ、とお！
　がまんして入っていたので、にんじんはとうとう真っ赤になってしまいました。

⑤お風呂の中ににんじんを入れて、数に合わせて上下に動かします。そして、

⑥にんじんを裏返しにして、赤い面を出します。

〈場面6〉

　「つぎはおいらのばん」ごぼうがジャブーンと飛び込みました。

⑦にんじんは下げ、ごぼうをお風呂に飛び込ませます。

〈場面7〉

　「あっちっち、熱い、熱い！　おいら、もう出るよう」
　あつがりのごぼうは、すぐにお風呂から出てしまいました。

⑧ごぼうはお風呂から飛び出させて下げます。このとき、ごぼうを勢いよく飛び出させると、演出効果があります。

〈場面8〉

　「まだよごれてるよ」「だめだよ。ちゃんとあらわなきゃ」
　だいこんがそう言ったけれど、「いいの、いいの。おさきに一」と、ごぼうはとっとこ帰っていきました。

⑨お風呂を下げ、だいこんを出します。

⑩ごぼうは帰っていくように動かして下げます。

〈場面9〉

　「さあ、さいごはわたし」だいこんは、ちょっとみずでうめてからはいりました。「ああ、いいきもち。いいゆだなあ」だいこんはのんびりゆっくり、おゆにつかりました。

⑪お風呂を出し、だいこんをゆっくり動かし、お風呂の中に入れます。

〈場面10〉

　それから、ごっしごっし、からだじゅうよーくあらったので、ぴっかぴかのまっしろになりました。

⑫だいこんが体を洗っているように動かしながら、裏返しにし、お風呂から出ます。

〈場面11〉

　こんなわけで、にんじんはあかくて、ごぼうはくろくて、だいこんはしろいんですって。

⑬お風呂を下げて、きれいになったにんじん、ごぼう、だいこんを順番に出して見せます。

＊「にんじんとごぼうとだいこん」の場合は、舞台を使って数人で演じるとダイナミックになって、おもしろさが増します。

＊舞台を使う場合は、ホール等で行う大きな集まりや誕生会等に適しています。

その他、知っておきたいこと!!

動くおもしろさを伝えましょう

紙芝居から人や動物が飛び出してきたらおもしろいね、という単純な感覚を子どもたちに伝えられるのがペープサートです。年齢の低い2、3歳児や障害をもっている子どもは、演じ手の手に持っている絵人形が動いたことによって、はじめてそれは何だろうという意識をめばえることがあります。そのため、うたいながら、お話しながらはっきりわかりやすく動かすことが大切ですが、動かしすぎないように注意しましょう。

ペープサートの企画の仕方

保育者が1人で行うものと、園全体で企画するものとがあります。日常の保育場面では、自分でつくったペープサートや得意なものをいくつか用意しておくといいでしょう。1か月に1回のお誕生会や年間で1〜2本舞台を使って大がかりに行う場合には、担当者や職員全員で、脚本、音楽、企画をあらじめきちんと立てて、練習を重ねて、1つの作品を仕上げることが必要です。

ペープサートのいろいろ（ちょっと違った楽しみ方）

基本的なペープサートにちょっと手を加えると、またひと味違うおもしろいペープサートができます。「くいしんぼうのゴリラ」の歌をペープサートにするとき、ゴリラの口を大きく切っておき、紙でつくったバナナやレモンを口に入れるだけでゴリラが食べてしまったように見えるから不思議です。また、お話できつねが化ける場面では、きつねの絵を描いた画用紙を半分に折り、2枚はり合わせて棒につけめくると、きつねが変身し子どもたちは大喜びします。いろいろ工夫してつくるのもまた楽しいものです。

さらに、学びたい人へ!!

『新 ペープサート』阿部恵／ひかりのくに社／1998

ペープサートをはじめてつくろうという人にも使える本です。かんたんにつくれて、すぐ楽しめることができます。

『ザ・ペープサート』阿部恵／フレーベル館／1999

よく知っているお話をペープサートにした作品やオリジナルの作品がのっています。きれいなカラー本で、演じ方、つくり方ものっていて使いやすい本です。

パネルシアター

パネルシアターの魅力

　実際に演じてみるとわかるのですが、楽しくて、楽しくて保育者自身も熱中してしまいます。どうしてでしょう……。それは目を輝かせて見ている子どもたちの姿があるからです。パネルが前に出ると、おしゃべりしている子も泣いている子も動きまわっている子も、みんなの目がパネルに集まってきます。演じ手として子どものまえに立つと、そういう子どもたちのひたむきさがよくわかります。子どもの表情から何を喜び何を楽しんでいるのかということを感じ取ることができるので、絵を見ながらうたったり、クイズ遊びやおみせやさんごっこなどへと活動の展開も幅広く考えられます。子どもも参加し、いっしょに楽しめて遊べるパネルシアターは、演じ方によっていろいろに変化しますので、多種多様の使いみちができます。実際にやってみることで、パネルシアターの世界の奥深さを心とからだで感じることができます。

パネルシアターを行うときに

パネルシアターってなに？

　四角いパネル上に、絵人形をはったり、はずしたりしながら、歌をうたったり、お話を語っていくのがパネルシアターです。パネルはフランネルやパネル布をはったボードで、そこに不織布（ふしょくふ）に絵を描いて切り取った絵人形をつけていきます。絵人形をパネルにはると、両方の繊維がからんでくっつきます。つけたり、はずしたりがかんたんにできるのでさまざまな展開が楽しめます。

パネルシアターの特色

1．つくったり、演じたりが手軽にできます。

　絵人形の材料である不織布は、ペーパー状なので絵が描きやすく切り取りもかんたんです。
　演じ方・遊び方はパネルに絵人形をはったり、はずしたりするだけですからむずかしいことはありませんが、行う場所や内容によっては演じ方を工夫したほうがいいでしょう。

2．演じ手と子どもたちはパネルを介して一体感を感じます。

　演じ手は子どもたちから見てパネルの右側に立ち、演じます。演じ手は子どもたちの反応や表情を確かめながら演じることができます。そして、子どもはパネルで演じられている内容と演じ手とを同時に見ることになるため、演じ手の人間性にふれながら歌やお話の世界に入り込んでいきます。このように、演じ手と子どもはパネルを介してお互いに楽しさ、おもしろさを共有することができるのです。

パネルシアターの楽しさ

　子ども同士がいっしょに見たり聞いたり、またうたったり考えたりするなかで、演じ手も含めてさまざまな作品にふれて楽しさを共有することができます。また、その作品のもつ色彩や構成のおもしろさなどを楽しむことができ、いろいろな作品を通して創造性も豊かにします。
　年齢が低い（2、3歳）場合は、みんなでいっしょに一つの作品を見るという経験になります。年中・年長児になりますと、保育者とともにつくり、役を分担してみんなで演じる楽しさも経験できます。年齢によって見方や参加の仕方が違いますので、子どもの興味や関心をとらえたうえで、作品を選択したり、参加の仕方を考えたりしましょう。

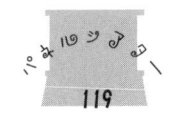

楽しく演じよう！

1. 事前のポイント

- パネルは子どもが見やすい目の高さにします。傾斜をつけて設置するといいでしょう。
- 設置場所は、光の当たり具合（逆光に注意！）を考えて子どもが見やすい場所にします。
- 絵人形を置く台をパネル裏に用意して、絵人形を出す順番に並べておきます。

2. 演じ方のポイント

- 保育者はパネルに向かって右側に立ちます。絵人形の出し入れやパネル上での操作がしやすいからです。
- 明るく、表情豊かに演じましょう。
- 作品の展開によって、絵人形を出したり、はずしたりのタイミングが違いますので、繰り返し練習しておきましょう
- パネルにはった絵人形は、意味のあるときだけ動かします。やたらにさわったり、位置を変えたりすると子どもたちの注意がそがれます。
- できるだけ正面を向いて演じましょう。慣れないうちはどうしてもパネルのほうばかり見て演じてしまいやすいので、意識して子どもを見るようにします
- 歌やお話のなかで、子どもたちに「これなあに？」など問いかけの場面をつくり、子どもたちを参加させると、また一段と盛り上がります。
- 一人一人の子どもの反応を見ながら演じましょう。保育者はパネルシアターの演じ手であるとともに、ときには絵人形の一人、つまりパネルシアターの一部であるという意識が大切です。

こんなとき、どうする！？ ーよく起こるトラブルへの対処ー

Q. 保育者の失敗に子どもが反応したとき、どうしたらいいでしょうか？

A. 絵人形をつけ間違えて、「あっ、違ってる！」と子どもが騒ぎだすことがあります。そんなときは「いけない、間違えちゃった」とさらっと認め、続けることです。失敗はだれでもあることなので、動揺しないことが大事です。

Q. 子どもが興奮しすぎて収拾がつかなくなりました……。

A. パネルについていた絵人形を全部取りはずし、何もない状態にすると子どもの視線がパネルに向きます。タイミングを見てお話を進めるといいでしょう。保育者が心から楽しんで演じていれば、子どもたちもパネルシアターの世界に入り込んできます。

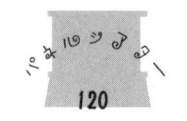

3歳児と楽しむ パネルシアター

選ぶときのポイントと作品紹介

　かんたんで、子どもがよく知っている歌や手遊びをパネルシアターにしたものがいいでしょう。歌があったほうが子どもたちも親しみやすく、楽しめます。また、テンポがいいもの、繰り返しのもの、覚えていっしょにうたえるものを選びます。

作品紹介

「しゃぼんだま　とばせ」
　　古宇田亮順／『パネルシアターを作る』／東洋文化出版／1990

　「しゃぼんだま　とばせ」の歌に合わせて、とり、かえる、へび、うさぎ、たこ、パンダ……などが、赤や黄色や青、茶色……のしゃぼんだまをふくらませます。そして、そのしゃぼんだまがにじの橋になります。

「山のワルツ」
　　東保／『幼児のうた』／チャイルド社／1982

　山の幼稚園に、りすのぼうや、やぎのぼうや、くまのぼうやがやってきます。その様子をリズミカルに楽しくうたいます。時間と動物を増やしていくと、もっと楽しい、すてきな山のワルツになります。

「コンコン　クシャン」
　　阿部恵／『せいさくパネルシアター』／東洋文化出版／1993

　りすさんは小さいマスク、つるさんは細いマスク、ぶたさんはまるいマスク、かばさんは大きいマスク、ぞうさんは長いマスクをしました。コンコンクシャン！　とくしゃみをしたら、マスクが飛んでしまいました。

演じ方のポイント

　3歳児では、みんなでいっしょに楽しめる歌のパネルシアターが適しています。保育者は歌をしっかり覚えて、歌に合わせながらわかりやすく、一つ一つの絵人形をパネルにつけていきます。短くて繰り返しのあるほうが楽しめます。同じ作品を何度も繰り返して行うときは、そのつど、少しずつ演じ方をかえてみるといいでしょう。「しゃぼんだまとばせ」では、最後に本物のしゃぼん玉を飛ばすと「わあー！」という子どもたちの歓声があがり、よりパネルシアターを楽しいものにします。また、「コンコンクシャン」の最後に演じ手が本物のマスクをして演じてみたり、子ども用のマスクを用意しておいて子どもにやらせてみたりして、パネルシアターから少し展開させてみるのもおもしろいでしょう。

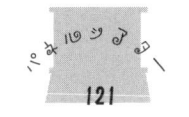

実 践 例

※パネルボードは白が一般的ですが、ここでは、白黒写真でも絵がはっきりと見えるように黒を使っています。演じる題材に合わせて背景の色を考えてみるとよいでしょう。

【 ふうせん 】

<場面1>　　　　　<進行（せりふ）>　　　　　<やり方とポイント>

あかいふうせん　ルルル
そっとかぜに　あげたら

①ふうせんの1番上の部分に、黒糸をつけておきます。
②うたいながらパネルに赤いふうせんをつけます。
③歌のところはかわいらしく動作をつけましょう。

<場面2>

ふわ　ふわ　ふわ　ふわ

④「ふわ ふわ」のところは、黒糸を持って動かします。ふうせんの中に何がかくされているのか、見ている子どもにちょっとだけわかるように動かすと子どもから反応が返ってきます。また、ちらりと見せて「なんだ？」と聞いてみるのもその場が楽しくなります。

<場面3>

あかいりんごに　なった

⑤ふうせんが「りんご」になったことを指でさして、はっきり示します。
⑥すぐ次のふうせんに移らず「りんごおいしそう」「食べちゃおうかな？」「むしゃ、むしゃ……」と遊んでみるのも子どもが喜びます。

<場面4>

あおいふうせん　ルルル
そっと　かぜに　あげたら

⑦次の場面に変わるときは、パネルになにもつかない状態にします。
⑧いきなり次の青いふうせんをつけてもいいですし、「今度は何色かな？」と興味をもたせて、つけます。

<場面５＞

ふわ　ふわ　ふわ　ふわ

⑨ふうせんが動くのは、見ている子どもは立体的でおもしろいのですが、操作は意外にむずかしいです。向きを変えずにゆらせるように、練習しておきます。

<場面６＞

あおい　くるまに　なった

⑩車は子どもたちが大好きなので、すぐ終わらせずに、パネルの青い車を走らせながらひっこめるやり方も、子どもたちを喜ばせます。

⑪どの色のふうせんも、まずパネルにつけてからはじめます。そのとき、ふうせんを右横から出しても、パネルのうしろから出してもどちらでもいいです。工夫してみましょう。

<場面７＞

きいろい　ふうせん　ルルル
そっと　かぜに　あげたら

⑫色をイメージすると、いろいろでてきます。バナナやレモンなど食べ物もいいですが、たんぽぽ、ひよこなどもよいでしょう。

<場面８＞

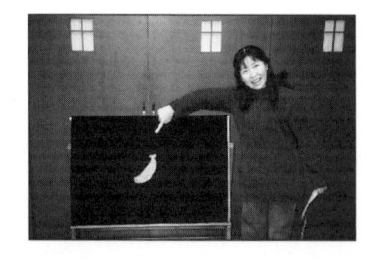

ふわ　ふわ　ふわ　ふわ
きいろい　バナナに　なった

<場面9>

みどりの ふうせん ルルル
そっと かぜに あげたら

<場面10>

ふわ ふわ ふわ ふわ

⑬ふうせんの色もたくさんつくって、組み合わせを変えてやってみましょう。

<場面11>

みどりの わにに なった

⑭このように、ふうせんを一つ一つ順番に出す方法と、パネルに全部並べておいて、好きな色のふうせんからとっていくやり方もあります。

＊この実践例は「ふうせん」の歌の替え歌で、いろいろなバリエーションを演じています。自分なりのアレンジを考え、演じてみましょう。

ふうせん

作詞／湯浅とんぼ　作曲／中川ひろたか

きいろい ふうせん ルルル ー　そっと かぜに あげたら ー フワフワ ー フワフワ ー　きいろい ちょうちょに なった
あかい ふうせん ルルル ー　そっと かぜに あげたら ー フワフワ ー フワフワ ー　あかい とんぼに なった

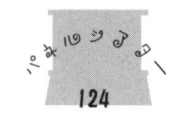

4歳児と楽しむ パネルシアター

選ぶときのポイントと作品紹介

　動物や車などのような、子どもが好きで夢中になり楽しめるものを選ぶと、盛り上がって効果的です。子どもが歌に合わせて部分的に参加できるような作品やお話をかんたんにして、わかりやすく見やすいように手づくりするといいでしょう。

作品紹介

「みんなの広場」
　　小林美実 編／『子どものうた200』／チャイルド本社／1996

　「ここは、ここは、動物村の広場。ここは、ここはみんなの広場」の歌に合わせて、うし、ぶた、さる、からすの親子がやってきます。動物村にいろいろな動物の親子がやってきてにぎやかになりました。

「山の音楽家」
　　二階堂邦子／『手遊びうた50』／学事出版／1979

　これもおなじみの歌で、手遊びにもなっています。やまのこりすやたぬき、ふくろうがフルートやたいこをたたきます。山の動物をいろいろ参加させてみるのも楽しいでしょう。いろいろ増やしてみましょう。

『ノンタンのあわ ぷくぷく ぷぷぷう』
　　キヨノサチコ／偕成社／1980

　子どもたちが大好きなノンタンシリーズの一つです。おふろに入って、あわの中からうさぎ、ぶた、たぬき、そしてノンタンと、いろいろな動物が出てきます。みんなお風呂できれいになりました。

演じ方のポイント

　3歳児同様、歌遊びをパネルシアターにして演じてみます。作品紹介の手遊び歌は、ストーリー性がありますので、パネルシアターとして十分楽しめます。うたいながら、あるいは動作を入れて演じると、子どもたちもいっしょに楽しめるでしょう。「みんなの広場」などは、子どもが動物の絵人形を持ち、いっしょに参加して楽しみましょう。ただし、子どもたちはうれしくて興奮しますので、展開の仕方や子どもの順番なども考えておきます。ノンタンのお話は、子どもが大好きなのでパネルシアターとして演じると、大喜びで見ます。かわいらしく、表情豊かに演じましょう。

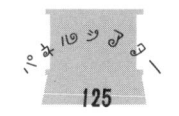

実　践　例

【 ぞうさんのぼうし 】

＜場面１＞	＜進行（せりふ）＞	＜やり方とポイント＞
	ぞうさんが　わすれていった	＊はじめるまえに、パネルのうしろに台を用意し、そこに出す絵人形をおきます。ぼうしと動物を合わせ、出しやすいように並べておきます。
＜場面２＞	おおきな　おおきな　ぼうし	①パネルにぼうしをつけます。「何がはじまるのかな？」と、子どもたちに期待をもたせておいてから、はじめます。 ②明るく楽しい雰囲気でうたいだしましょう。「おおきな……」のところは動作をつけて表現します。
＜場面３＞	こねこが　はいって　ニャン	③ぼうしの下に、こねこを１匹つけます。ただつけるのではなく、演じ者が表情豊かにつけることで、パネル上のこねこも表情をもちます。
＜場面４＞	にひき　はいって　ニャンニャン	④２匹ぐらいまでは出しやすいのですが、３匹４匹と数が多くなってくるといちいちうしろからとるのはやりにくいので、まとめて左手にもっていて、順番に出します。

<場面5>

さんびき

⑤ぼうしの下にこねこをつけていくとき、全体のバランスを考えながら並べていくようにします。横からつけるので、どのようになっているのか、わかりにくいですから、事前にやって間隔をつかんでおきましょう。

<場面6>

よんひき
ニャンニャンニャンニャン

<場面7>

ごひき　はいって
ニャンニャンーャンニャンニャン

⑥ぼうしの下に5匹おいたら、「ニャンニャン……」は、かわいらしく演じます。

<場面8>

ギュウ　ギュ

⑦5匹をぼうしの中にさっと入れてしまうのではなく、「ギュウ、ギュ」とうたいながら、押し込めるように演技をします。演じ手がうしろから、ぼうしの両端を持ってゆするようにするやり方もあります。

⑧5匹のこねこがぼうしの中に全部入るように、上手に動かしながら入れます。

<場面9>

あら!?　いなくなっちゃった

⑨ぼうしに5匹のこねこを入れて見えなくなったら、びっくりして見せます。「わあ、すごいな！」と、子どもたちに思わせます。

127

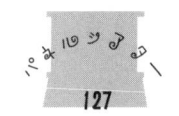

＜場面10＞

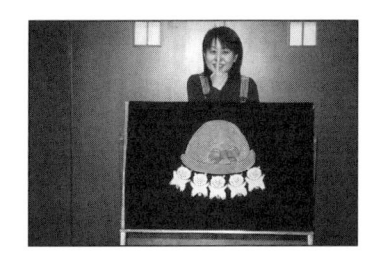

こぶたバージョン
♪こぶたが はいって ブウ！

たぬきバージョン
♪こだぬき はいって ポン！

＊こねこが見えなくなった状態で次に進めたり、終わらせてもいいですし、「本当に入っているかな？」と言いながら、ちょっとのぞいて見せたりしても楽しいです。

＊こぶたもたぬきも同じようにやります。どれからはじめてもいいです。ぼうしも組み合わせをいろいろかえてみるといいでしょう。

ぞうさんのぼうし

作詞／遠藤幸三　作曲／中村弘明

ぞ う さん が わすれて いった おおきな おおきな ぼ う し
こねこが はいって ニャン　にひき はいって ニャン ニャン
さん びき よん ひき ニャン ニャン ニャン ニャン　ご ひき はいって
ニャン ニャン ニャン ニャン　ニャン　ギュウ　ギュ

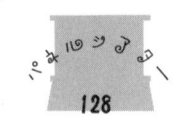

5歳児と楽しむ パネルシアター

選ぶときのポイントと作品紹介

　お話を中心にして、よく聞く民話や童話をパネルシアターにします。立体的で動くので、そのお話の内容を楽しく見て理解することができます。また、ストーリー性があり、歌に合わせた絵人形を動かせられるものも楽しいでしょう。

作品紹介

「やおやのおみせ」
　　吉本澄子／『手あそび指あそび』／／玉川大学出版部／1987

　よく知っている歌です。やおやのお店にいろいろな野菜が並びます。そのほか、さかなやさん、パンやさん、くだものやさんのお店にもいろいろな物をたくさん並べて、おみせやさんごっこもできます。

『はらぺこあおむし』
　　エリック・カール／偕成社／1997

　おなかがすいたあおむしは、大好きなお菓子やくだものを毎日食べ続け、とうとうお腹をこわしてしまいます。緑の葉っぱを食べたあおむしは、みるみる大きくなってきれいなちょうちょうになりました。

「南の島のハメハメハ」
　　東保編／『幼児のうた』／チャイルド社／1982

　歌に合わせて、大王や女王、波乗り、宇宙船が出てきます。ハメハメハ　ハメハメハ……のリズムに合わせておどります。わにやぶた、かば、かめも出てきて大騒ぎ。みんなで楽しくおどります。

演じ方のポイント

　5歳児になりますと、とくにお話に興味をもちますので、昔話や子どもの好きなよく知っているものをパネルシアターにして演じます。まず、ストーリーをしっかり覚えます。お話をしながらゆっくり絵人形を出していきます。演じるとき、顔はできるだけ子どものほうに向けて、子どもたちの表情や反応を見ながら演じます。また、「南の島のハメハメハ」のようなうたいながら動きのあるものは、絵人形が動くように仕かけをするといいでしょう。
　また、『はらぺこあおむし』では、あおむしに黒糸をつけて動かすと、本当に動いているように見え、子どもは目を輝かせて見ますので、そのような工夫もしてみましょう。

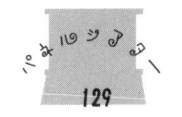

実践例

【 おおきな かぶ 】 －子どもといっしょに演じるパネルシアター

「おおきなかぶ」は、絵本やお話で子どもたちが何度も楽しんできた作品です。子どもたちに参加してもらうことで、いっしょに絵人形をはるおもしろさや演じることの楽しさを味わえます。一度、演じた後に子どもも参加するようにしましょう。

〈準備〉

パネルと絵人形を用意します。まご、いぬ、ねこ、ねずみの絵人形をそれぞれの役になる子どもたちに持たせて、登場する順番に並んでもらいます。このときに、絵人形をはり終えたら自分がもといた場所に戻ってくるように伝えると、混乱をまねきません。

自分の役の名前が呼ばれたら元気に返事をしてもらうことと、「うんとこしょ、どっこいしょ」をいっしょに言うことを伝えておきます。

〈場面1〉	〈進行（せりふ）〉	〈やり方とポイント〉
	おじいさんが、かぶのたねをまきました。 「甘い甘い、かぶになあれ」 「大きな大きな、かぶになあれ」 すると、とてつもなく大きなかぶができました。	＊パネルの向かって左端に畑をはります。演じ手はパネルの右側に立ち、子どもたちを順番に立たせます。このとき、立っている子どもたちにもパネルが見えるようになめに並ばせます。 ①おじいさんをパネルの中央にくっつけます。 ②「すると、とてつもなく大きなかぶができました」と言いながら、パネルの向かって左端の畑のなかにかぶをはります。 ③おじいさんをかぶに近づけます。「うんとこしょ、どっこいしょ」では、おじいさんを言葉に合わせて動かします。演じ手が動作をしてもよいでしょう。 ④右手で「抜けない」という表現をします。 ⑤「おばあさーん」は演じ手が客席に向かって呼び、おばあさん役の子どもに返事をしてもらいます。
〈場面2〉	「なんと、大きなかぶだろう」 おじいさんはかぶを抜こうとしました。 「うんとこしょ、どっこいしょ」 けれども、かぶは抜けません。 おじいさんは、おばあさんを呼びました。 「おばあさーん」 「はーい」（おばあさん役の子ども）	

〈場面３〉

おばあさんがおじいさんを引っぱって、おじいさんがかぶを引っぱって、
「うんとこしょ、どっこいしょ」
それでもかぶは抜けません。
そこで、まごを呼びました。
「まごの××ちゃーん」
「はーい」（まご役の子ども）

〈場面４〉

まごがおばあさんを引っぱって、おばあさんがおじいさんを引っぱって、おじいさんがかぶを引っぱって、
「うんとこしょ、どっこいしょ」
それでも、かぶは抜けません。
今度は、いぬを呼びました。
「いぬのコロやー」
「はーい」（または）「ワンワン」（いぬ役の子ども）

〈場面５〉

いぬがまごを引っぱって、まごがおばあさんを引っぱって、おばあさんがおじいさんを引っぱって、おじいさんがかぶを引っぱって、
「うんとこしょ、どっこいしょ」
それでも、かぶは抜けません。
今度は、ねこを呼びました。
「ねこのタマやー」
「はーい」（または）「ニャーン」（ねこ役の子ども）

〈場面６〉

ねこがいぬを引っぱって、いぬがまごを引っぱって、まごがおばあさんを引っぱって、おばあさんがおじいさんを引っぱって、おじいさんがかぶを引っぱって、
「うんとこしょ、どっこいしょ」

⑥おばあさん役の子どもにおばあさんをおじいさんのうしろにはってもらいます。

⑦「うんとこしょ、どっこいしょ」は、おばあさん役の子どもといっしょに大きな声を出します。動作も入れてもいいでしょう。

⑧「××ちゃーん」のところは、まご役の子どもの名前を入れます。

⑨まご役の子どもに返事をしてもらったら、まごをおばあさんのうしろにはりつけます。

⑩「孫がおばあさんを引っぱって、おじいさんがかぶを引っぱって……」を言いながら絵人形を動かします。

⑪「うんとこしょ、どっこいしょ」はおばあさん役とまご役の子どもと声をそろえて言えるといいでしょう。

⑫いぬの子どもの返事は「はーい」でも「わんわん」でもどちらでもよいでしょう。

⑬「犬がおばあさんを……」を言いながら動かします。

⑭「うんとこしょ……」は、おばあさん役、まご役、いぬ役の子どもと声をそろえて言えるとよいでしょう。

⑮同じくねこ役の子どもの返事はどちらでもよいでしょう。

⑯「ねこがいぬを……」を言いながら動かします。「うんとこしょどっこいしょ」では、見ている子どもたちも誘い、いっしょにやってみてもよいでしょう。

〈場面7〉

まだまだ、かぶは抜けません。
そこで、ねずみを呼びました。
「ねずみのチューすけやー」
「はーい」(または)「チュウチュウ」
(ねずみ役の子ども)

⑰「まだまだ……」を演じ手が手で表現し、ねずみ役の子どもを呼びます。

⑱同じくねずみ役の子どもの返事はどちらでもよいでしょう。

〈場面8〉

ねずみがねこを引っぱって、ねこがいぬを引っぱって、いぬがまごを引っぱって、まごがおばあさんを引っぱって、おばあさんがおじいさんを引っぱって、おじいさんがかぶを引っぱって、

⑲「ねずみがねこを引っ張って……」と、パネルを指さしながら語る。

〈場面9〉

そうれ！
「うんとこしょ、どっこいしょ」
「うんとこしょ、どっこいしょ」

⑳みんなで声をそろえ、だんだん大きな声で力を入れて表現します。

〈場面10〉

わあ!!
大きなかぶが抜けました。

㉑パネルについている大きなかぶを引っこ抜き、上にあげます。このとき動作を大きくつけましょう。

〈場面11〉

抜けた、抜けた、抜けた！
大きなかぶが　ぬ・け・た

㉒演じ手が楽しく表現しましょう。

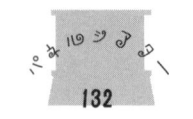

その他、知っておきたいこと!!

統合保育、2、3歳児への対応

　　保育者は自分を通して子どもたちをパネルシアターに結びつけていくわけですから、自分が役どころという考え方をもつことが大切です。実際に演じるときの具体的な方法として、歌など音楽的な導入をすることによって、言葉ではなく、音楽を通して子どもたちの目をパネルシアターに引きつけることができます。統合保育や年齢の小さい2、3歳児に対しては、言葉よりも視覚的な刺激のほうが入ります。子どもにとってわかりやすく、おもしろさがあり、繰り返しがあって見通しが立つような、かんたんで楽しめる作品を選びましょう。また、作品によって、意外性のある導入の仕方や話をするときの間の取り方、展開の仕方などを自分なりに考えて、表情豊かに演じるように練習しましょう。

パネルシアターを展開、発展させるには

　　パネルシアターは、お話をはじめとしていろいろ活用できますが、子ども自身が楽しく参加できる遊び方としてパネルを使ってのお店屋さんごっこがあります。子どもがよく知っているお店をつくり、演じ手が店の人、子どもたちがお客さんになると、年齢に関係なく、ちょっと違ったパネルシアターの楽しみ方ができます。また、4、5歳児では、やってみたいという気持ちが育ってきてますから、演じ手は子どもに絵人形を自分でパネルにつけさせるなど、参加させるのもよいでしょう。そのとき、子どもに勝手に任せるのではなく、演じ手がお話のなかに引き込むことを忘れないようにします。

さらに、学びたい人へ!!

『保育に生かす　パネルシアター』　小林雅代／生活ジャーナル／1997

　歌遊びやお話をパネルシアターにしたものなど子どもたちが喜び、楽しめるものがたくさんのっています。

『かんたんパネルシアター』　阿部恵／チャイルド本社／1996

　はじめてパネルシアターをつくってみたい、演じてみたいという人でも、かんたんにつくって使える作品がのっていて、使いやすい本です。

エプロンシアター

エプロンシアターの魅力

　エプロンのポケットから何がとび出すのか、子どもたちは興味津々、そのあどけない瞳は保育者がつけているエプロンにくぎづけになります。エプロンが舞台となって、人形が動いたり、話したり、そしてまた、演じ手はナレーターになったり、登場人物になってうたったりおどったり……と、子どもたちは自然に物語や歌遊びの世界に引き込まれていきます。ごっこ遊びで人気があるエプロンと立体感のあるかわいい人形と演じ手がひとつとなって、子どもたちの心をとらえていくのです。

　そのおもしろさは、お誕生会や子ども会といった楽しい行事にも適していますが、近ごろでは、保育のなかでも気軽に取り入れられ子どもたちを魅了しています。何回も繰り返して演じると、子どもたちの気持ちはさらに高まってくるようで、「ぼくもやってみたい！」「わたしにもやらせて！」の声も出て盛り上がります。これからも、保育に生かされたエプロンシアターとして、愛されていくことでしょう。

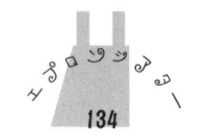

エプロンシアターを行うときに

エプロンシアターとは？

　今から約20年前に考案されたもので、胸当て式エプロンを舞台にした人形劇です。人形劇と言っても舞台がエプロンであり、そのエプロンは演じる保育者のからだにくっついているのが特色です。そのため、演じ手そのものが舞台ということになります。その舞台で手づくり人形がくっつき、うたったり、おどったり、動いたりして、お話が展開していくのです。

演じ方のポイント

1. **顔を上げます。**
　　ポケットから人形を取り出したら、すぐに顔を上げます。演じる保育者の表情は、登場する人形の持ち味や動きを補うという役割をとります。

2. **人形は常に見る子どもたちに向けます。**
　　出した人形を演じ手が意味なく動かしたり、演じ手に向けて話したりしないようにしましょう。人形同士で会話をするときでも、人形の顔はいつも子どもたちのほうに向けるようにします。そして、話すほうの人形を動かします。

3. **動作は大きくしましょう。**
　　言葉にそえて、必要な動きはなるべく大きくやりましょう。エプロン上の舞台を上手に使って演じることが大切です。

4. **表現は、表情豊かに演じます。**
　　登場人物の表現は、演じ手がつけることになりますから、喜怒哀楽をつけて表情豊かに演じるようにします。何回も練習しておきましょう。

5. **人形や仕かけを上手に使って演じるようにしましょう。**
　　人形や仕かけがスムーズに操作できるように、人形を入れておくポケットや人形をつけるマジックテープを確認します。あらかじめ、イメージトレーニングしておくと演じやすくなります。

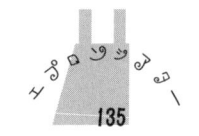

〈エプロンシアター用〉基本的なエプロンの つくり方

＜材料＞
- キルティング地（ピンク・黄・水色など）……90cm×80cm
（※エプロン地の材質は、キルティング地が人形をつけやすく、演じやすいので最適）
- 綿テープ（色はエプロン地に合わせる）……2cm×250cm
- マジックテープ……適宜（人形をつける数分必要）

＊エプロンのできあがり寸法＊
※綾織りの綿テープ2cm幅を利用するとかんたんです。
- 22cm
- ぬいつける
- 約60cm
- 65〜70cm
- 45cm
- 55〜60cm

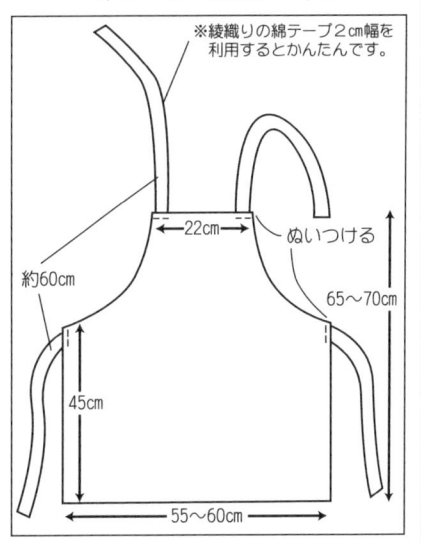

① 右図のできあがり寸法にぬいしろを3cm程度とり、生地を切る。

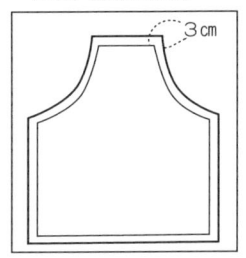

② エプロンの裁ち端（切った端）は、ジグザグミシンをかけるか、かがっておく。

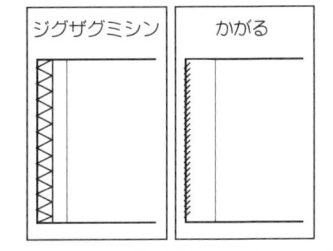

③ ぬいしろの部分を裏側におり、縫いつけて端の始末をする。

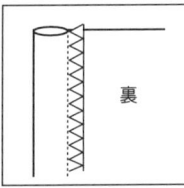

④ エプロン本体すべての始末をおえたら、エプロンのひもの部分に当たる綿テープを4か所につける。

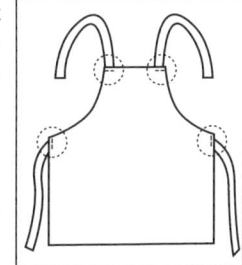

⑤ マジックテープは、人形の凸面（かたい面）と、エプロンの人形をつけるところにぬいつけておく。

♪人形を入れるポケットもつけておくと便利♪

こんなとき、どうする!? －よく起こるトラブルへの対処－

Q. 演じているとき、人形をほしがって出てきてしまったら……。

A. 人形がないとエプロンシアターができなくなってしまうこと、まわりの友達は楽しみに待っていることをわかりやすい言葉でその子に伝えます。どうしてもさわりたがるようなときは、エプロンシアターが終わったらさわれることを伝えてあげましょう。

Q. 演じている最中に「ねえ、ねえ、せんせい……」と質問してくる子どもがいますが……。

A. お話していてタイミングがいいときに「なあに？」と聞いて答えたり、「今、お話しているからね」と伝えて続けたり、そのときどきのまわりの雰囲気や状況で対応しましょう。子どもたちが自分のことをあれこれ話しはじめてしまったら、自由に話せる時間をしばらくとり、「さあ、続きをはじめますよ」と伝え、次へ進めます。

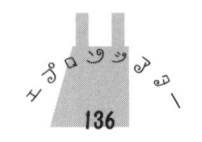

3歳児と楽しむ エプロンシアター

選ぶときのポイントと作品紹介

　歌に合わせてエプロンのなかから人形を取り出したり、ポケットのなかに入っているものを当てさせたり、子どもがいっしょに参加して楽しめるものにします。日ごろ園でうたったりしている歌や絵本など身近なものをエプロンシアターにしてみましょう。

作品紹介

「カレーライスのうた」
　　二階堂邦子／『手あそび50』／学事出版／1979

　子どもたちが大好きな手遊びの一つです。お鍋に、にんじん、たまねぎ、じゃがいも、ぶたにくと材料を入れ、火にかけ、煮てカレーライスができていくまでの過程を楽しく表現していきます。

「まる　さんかく　しかく　なあに」
　　中谷真弓／『ザ・エプロンシアター』／フレーベル館／1993

　エプロンについているポケットはまる・さんかく・しかくの形をしています。そのポケットから出てくる形も、まる・さんかく・しかくをした形の人形です。いろいろなものが出てくる楽しいポケットです。

「これくらいのお弁当箱」
　　吉本澄子／『手あそび指あそび』／玉川大学出版部／1987

　おべんとうのまえによく行う手遊びです。おべんとうの中に、おにぎり・にんじん・ごぼう・れんこん・さくらんぼ……が入って、おいしそうなおべんとうができました。大きいおべんとう箱をつくっても楽しいです。

演じ方のポイント

　子どもが好きなカレーやいつも園に持って行くおべんとうをうたった「カレーライスのうた」や「おべんとうばこのうた」がエプロンシアターになって、先生のつけているエプロンから出てくるだけで子どもたちは大喜びするでしょう。演じ手が「おいしそうでしょ」「食べたいでしょ」という気持ちで、表情をつけながら演じることが一番です。3歳児はエプロンのなかから何が出てくるのかということだけでも楽しみでたまりません。ですから、「何が出るのかな？」と、子どもたちの気持ちを高めながら演じてみましょう。紹介した作品は、考えさせたり、当てっこしたりする、みんなで楽しめるエプロンシアターです。かんたんなのでだれでもすぐにできますが、笑顔で楽しく演じることが大切です。

実践例

【 何が出るかな？ 】

＊ 用意するもの ＊

エプロン（薄い水色のキルティングで作成。ポケットはクマのおなかに見立てるため茶色のキルティングで半円形に作る。中に半円形の茶色の布を縫いつけておき、おなかがふくれるような仕掛けにしておく。はてなマークもマジックテープで着脱できるように作る）、リンゴ、おにぎり、チョコレート、バナナ、クマの顔（表側はそれぞれの色のフエルトで作り、裏側は黒いフエルトで作る）、クマの手足（茶色の布で作成）、マジックテープ

＜場面１＞	＜進行（せりふ）＞	＜やり方とポイント＞
	このポッケは不思議なポッケ。何が出てくるかみんなで当ててね！（丸い形のものを出す）これ、な〜んだ？　赤い物です。皮をむくと白くなるよ。サクサクサク、食べると甘いよ〜！	＊クイズ形式で進めていきます。ヒントは、子どもたちの反応を見ながら、出していくようにしましょう。　①「サクサクサク」のところは食べるマネをします。
＜場面２＞	リンゴでした。	②子どもたちが「リンゴ」と当てたら、一度はっきりと子どもたちに見せてから、エプロンの上のほうにつけます。
＜場面３＞	（三角のものを出す）これ、な〜んだ？　まわりは黒くて、中は白いの。（食べるマネをして）あっ、すっぱい！　真ん中には赤くてすっぱいものが入っているみたい。	③「おにぎり」とすぐ子どもに当てられてしまったら、おにぎりの具も当ててもらうように聞いていきます。

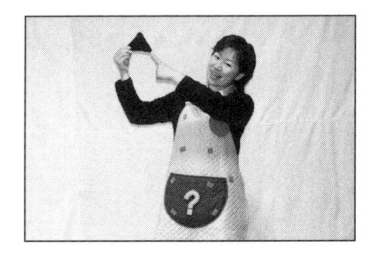

〈場面４〉

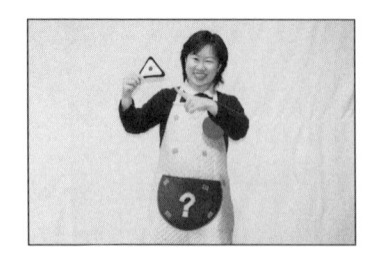

遠足にみんなも持っていくよね！
梅干しの入ったおにぎりでした。

④当たったら、リンゴの横におにぎりを付けます。

〈場面５〉

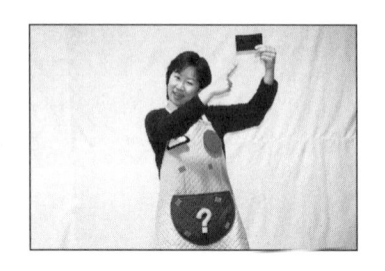

（四角いものを出す）これは何という形か知ってるかな？
そう、四角だよね！
それでは、これな～んだ？
茶色です。（食べるマネをして）食べると甘いな～！

⑤同じ問いかけばかりではなく、形についてたずねてみてもよいでしょう。

〈場面６〉

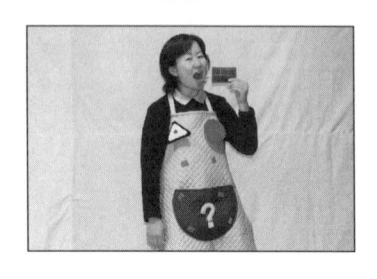

先生も大好きなチョコレートでした。でも、チョコレートをたくさん食べたら、ちゃんと歯磨きしないと虫歯になっちゃうから気をつけようね！

⑥当たったら、チョコレートもエプロンに付けます。

〈場面７〉

（三日月型のものを少しずつ動かしながらポケットから出し）これ、な～んだ？

⑦形ですぐ答えがわかってしまうものは出し方を工夫しましょう。

<場面8>

みんな、もうわかったね！
バナナでした。

⑧当たったら、バナナもエプロンに付けます。

<場面9>

では、最後です！
（丸い形のものを出す）これ、な〜んだ？
茶色です。あれ〜!? なんか動き出したよ〜！ ムシャ、ムシャ、ムシャ。

⑨今までの答えが食べ物ばかりだったので、子どもからの答えが食べ物に限定されてしまっている場合は「今度は食べ物ではありません」とヒントを出してあげましょう。クマの顔は左右に振ってエプロンに付いている食べ物を食べているように動かし、今までに出したものをポケットに入れます。

<場面10>

あれあれあれ〜!?
手が出てきたよ〜!?
あれ〜、足も出てきたみたい！

⑩用意しておいた手足をポケットの四隅に付けて、ポケットの中から縫い付けておいた布を出し、おなかが膨れていくようにします。はてなマークも取ります。

<場面11>

くいしんぼうのクマさんでした。
おなかがふくれてポーンポン!!
あー、おいしかった！

⑪クマの顔をポケットの横に付けておなかいっぱいな表情で演じましょう。

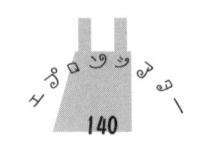

4歳児と楽しむ エプロンシアター

選ぶときのポイントと作品紹介

　エプロンを舞台に人形をマジックテープにつけたり、はずしたりすることで人形が登場したり退場したり……、子ども自身がいっしょに参加している気持ちになれるような作品を選ぶとよいでしょう。歌をつけるとより楽しいものになります。

作品紹介

「ふしぎなポケット」
　　東保／『幼児のうた』／チャイルド社／1982
　「♪ポケットの中にはビスケットが一つ♪」の歌に合わせて、ポケットからビスケットが出てきます。ポケットの中から子どもたちの好きな食べ物（チョコレート、いちご……）が次々に出てきたら楽しいでしょう。

「大きなかぶ」
　　中谷真弓／『ザ・パネルシアター』／フレーベル館／1962
　子どもたちもよく知っている大好きなお話です。みんなで力を合わせて、「うんとこしょ！」とかぶを引っぱったら、大きなかぶは抜けました。エプロンについているかぶをひっくり返したら、何と……不思議なことが起こります。昔話の「大きなかぶ」に中谷さんのアイディアが加えられた作品です。

『うさぎとかめ』
　　泉名文子 文／『イソップ物語』／講談社／1993
　うさぎとかめが山のふもとめがけて競走する様子を楽しく歌で表現してます。世界で１番のろいと言われていたかめさんが勝ち、笑って油断していたうさぎさんが負けてしまいます。

演じ方のポイント

　作品紹介で取り上げた昔話「おおきなかぶ」（本書p.129参照）は、読み聞かせ、紙芝居、ペープサート、パネルシアター、劇遊びに至るまで、どれにも適した楽しめる作品です。エプロンシアターで演じる場合は、人形を立っている形につくります。人形をくっつけたとき、見ている子どももいっしょにかぶを引っぱっている気持ちになれます。そして、抜いたかぶをひっくり返すとおなべになったり……と、ちょっとした仕掛けで、エプロンシアターだからこそ楽しめるようにいろいろ考え工夫してみましょう。『うさぎとかめ』は、人形がお話ししているように動かします。片方ずつ動かして今どちらが話しているのか見ている側がわかるようにします。エプロンシアターのもつ立体感をうまく生かして演じましょう。

実 践 例

【 金のおの 銀のおの 】

* 用意するもの *

エプロン（薄い緑色のキルティングで作成。ポケットは湖に見立てるため、水色のキルティングで丸形に作る。中にはグレーの布を縫いつけ煙が出てくる仕掛けにしておく。背景に草や木をフエルトで作り縫いつける）、正直者の木こり・欲張りな木こり（二人の表情や服の柄を変えて作る）、女神様（顔・体部分はフエルトで作成。服の部分は光沢感のある布で作る）、金と銀と鉄のおの（フエルトで作成）、マジックテープ

<場面１>	<進行（せりふ）>	<やり方とポイント>
		＊女神様と3本のおのは表の湖に見立てているポケットの中に、2人の木こりは裏側に作ったポケットの中に入れておきます。鉄のおのは湖に入れたり、登場人物も次々に持つので2つ作っておくと、お話の進行の妨げにならず便利です。
	ある山のふもとに正直者の木こりが住んでいました。正直者の木こりは毎日一生懸命に木を切り、働いていました。そんなある日の帰り道。「あー、今日も疲れた。そろそろ帰ろう」と背伸びをしたそのときです。「あっ！」。チャポーン。正直者の木こりは持っていたおのを近くにあった大きな湖に落としてしまいました。	①正直者の木こりのセリフから、人形を出します。演じ手は困った顔の表情をしましょう。
<場面２>	「どうしよう、大事なおのを落としてしまった。明日からどうやって暮らせばいいんだろう」正直者の木こりが困り果てていると、湖の中から、ロロロロロローン。女神様が現れたのです。「どうしたのですか？」「女神様、私は大切なおのを湖の中に落としてしまったのです」「それはお困りでしょう。探してきて上げましょう」ロロロロロローン。	②「ロロロロロローン」と言うところで女神様を出しましょう。女神様と正直者の木こりは声色を変えて、演じましょう。
<場面３>	女神様は湖の中に入り、3本のおのを持って再びあらわれました。とっても立派なピカピカの金のおのときれいなキラキラの銀のおの、そして古ぼけた鉄のおのです。	③一度湖のポケットに入れた女神様とおのを出しましょう。おのを説明する際は、子どもに一つ一つ見せてからエプロンに付けましょう。

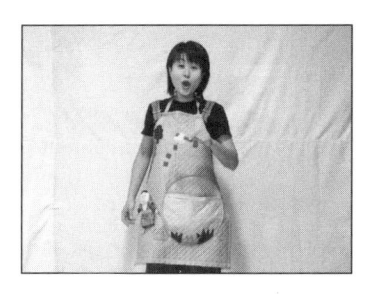

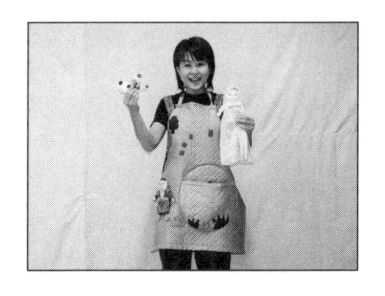

<場面4>

「あなたが落としたのはこの金のおのですか？」「いいえ、私が落としたのはそんな立派な金のおのではありません」「あなたが落としたのはこの銀のおのですか？」「いいえ、私が落としたのはそんなきれいな銀のおのでもありません」「あなたが落としたのはこの鉄のおのですか？」自分のおのを見た正直者の木こりは「女神様、それです。私が落としたおのです」

④どのおのか木こりに聞くときは、聞いているおのを指さして言うようにします。

<場面5>

「あなたは本当に正直な人ですね。ご褒美にこの金のおのと銀のおのも差し上げましょう」ロロロロロローン。そう言うと女神様は湖の中に帰っていきました。
正直者の木こりは3本のおのを持って大喜びで家に帰りました。

⑤3本のおのを木こりに持たせ、女神様は湖のポケットの中に入れます。正直者の木こりには3本のおのを持たせ、一度エプロンからはずし、喜んで山を下りているように演じます。

<場面6>

そこへ隣の欲張りな木こりがやってきました。大喜びの正直者の木こりの様子を見て「どうしたんだい？」とたずねました。正直者の木こりは今日の出来事を欲張りな木こりに話しました。欲張りな木こりは「よーし、おれも女神様から金銀のおのをもらうぞー！」と帰っていきました。

⑥エプロンの裏から、欲張りな木こりを出し、正直者の木こりから話を聞き出しているように演じます。「……帰っていきました」のところで正直者の木こりはエプロンの裏にしまいましょう。また、3本のおのは子どもたちに気づかれないように湖のポケットに入れておきます。

<場面7>

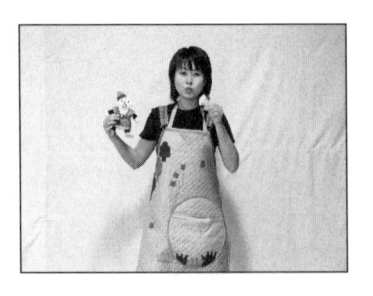

次の日、欲張りな木こりは山に登り、湖を見つけると、「えい！」ヒュー、ポチャーン！
持っていたおのをわざと湖に投げ込みました。

⑦おのを湖の中に投げ入れるときは、「ヒュー、ポチャーン！」に合わせて、動作を大きくします。

＜場面８＞

　しばらくすると、ロロロロロローン。湖の中から女神様が現れました。「どうしたのですか？」「女神様、女神様、おのを湖の中に落としたんです！　拾ってきて下さい」
「いいでしょう、わかりました」女神様は湖の中に入っていきました。

⑧女神様を湖のポケットの中から出します。

＜場面９＞

　「しめしめ、うまくいったぞ！」
　ロロロロロローン。女神様は金のおのと銀のおのそして木こりの投げた鉄のおのを持っています。金のおのと銀のおのを見た欲張りな木こりは大喜びで言いました。「金のおのも銀のおのも鉄のおのも３本とも私の落としたおのです、女神様！」そう言いおのを女神様から取り上げました。すると、そのときです。

⑨３本のおのと女神様を再び登場させます。おのを見た欲張りな木こりのセリフと同時に欲張りな木こりにおのを持たせます。

＜場面10＞

　モクモクモクモク。湖の中からモクモクと煙が出て、欲張りな木こりと３本のおのを包みはじめました。「うわぁー、なんだぁ、この煙は！！」煙は３本のおのを欲張りな木こりから取り上げ湖の中へ消えていきました。「きっと嘘が大嫌いな湖の精たちが怒っているのでしょう」と女神様も湖の中へ帰っていきました。

⑩湖のポケットの中に付けておいたグレーの布を煙に見立てて、欲張りな木こりを包み込むように動かします。その間に欲張りの木こりに持たせていた３本のおのを煙を持っている側の手に持たせ、湖のポケットの中に入れてしまいます。

＜場面11＞

　「あ……」。女神様に嘘をついた欲張りな木こりは、金、銀のおのはおろか、自分のおのまでなくしてしまいました。
　おしまい。

⑪演じ手はがっかりして後悔しているように演じます。また、ハッピーエンドではないお話なので、最後の「おしまい」はさっぱりと明るく言い、終わらせましょう。

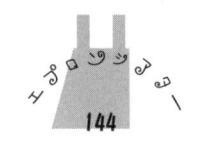

5歳児と楽しむ エプロンシアター

選ぶときのポイントと作品紹介

お話が大好きな子どもたちには、エプロンから人形が出てきてお話が展開していく不思議な世界を体験させましょう。お話に合わせた作品を選び、演じ手自身が登場人物になって演じます。仕かけのおもしろさもありますので工夫しましょう。

作品紹介

「ジャックと豆の木」

西本鶏介 文／『子どもとお母さんのためのお話』／講談社／1996

ジャックがまいた豆の木がどんどん大きくなりました。ジャックはその木にのぼって行きます。雲の上のお城でこわい鬼に会い、鬼が寝ているすきに、にわとりをかかえて逃げます。下りてきた豆の木をおので切り、助かります。

「ねずみのすもう」

谷真介 文／『むかしむかし絵本』／ポプラ社／1991

おじいさんの家のやせたねずみと、村の長者の家のふとったねずみがすもうをとります。負けたやせねずみが、おじいさんとおばあさんのついてくれたおもちを食べて強くなるというおもしろい昔話です。

「かにむかし」

きのしたじゅんじ 文／『岩波の子どもの本』／岩波書店／1959

さるかに合戦のお話です。かにの子どもたちが、ぱんぱんぐりやはちやうすのふんやうすなどの助けをかりて、かあさんがにのかたきをとるため、さるのばんばへこらしめにいくという、日本昔話です。

演じ方のポイント

エプロンが舞台となってお話が展開していくおもしろを、昔話や民話などの作品で演じてみましょう。起承転結が理解でき、ますますお話のおもしろさや語られていることの意味が考えられるようになってきている年齢です。エプロンにお話の背景や小物をつけたり、かくしておいたりして仕かけをいろいろ工夫しましょう。人形を動かしながら、小物をつけたりはずしたりするので、お話をよくのみこんでおきます。小物をどのポケットに入れておくか、出してどの場所につけるかなども確認しましょう。また、演じることだけに一生懸命にならないように、かならず見ている子どもの表情や反応を見ながら、その反応を確かめながら演じるようにします。

実　践　例

【 北風と太陽 】

＊　用意するもの　＊

エプロン（薄い黄色の厚手の布で作成。背景に草や木をフエルトで作り縫いつける）、太陽（フエルトで作成。細かい顔の表情は刺繍する）、北風（フエルトで作成。うしろから違うグレーの布が出るように表と裏のを全部縫いつけず、ポケット状に作り、間にグレーの布を縫いつけておく）、旅人（顔や手足はフエルトで作成。コートは脱がせやすいようにマント型に作り、マジックテープでとめる。帽子もフエルトを二重にし、取り外しが可能なように作る）、マジックテープ

＜場面１＞	＜進行（せりふ）＞	＜やり方とポイント＞
	むかしむかしのお話です。 　大きな太陽がキラキラ、キラキラとあたりを照らしています。 　そこへ遠い遠い北の国から冷たい北風がやってきました。	＊北風はうしろから違う色の布が出るようにつくっておきます。旅人は帽子とコートが脱げるようにつくっておきます。エプロンの裏側のポケットをつくっておき、北風と旅人を入れておきます。太陽はあらかじめエプロンの上につけておきましょう。
＜場面２＞	北風は「ピューッ、ピューッ。どうだい。俺さまの風、強いだろう。木も草もみんな吹き飛ばしてしまう。俺さまが吹けば、みんなこごえてしまうんだ！　俺さまは世界で一番強い北風だ！」と自慢げにピューッ、ピューッとあたりを吹きはじめました。	①はじめはゆっくりと子どもの注意をひくように話し出しましょう。 ②「ピューッ、ピューッ」に合わせて北風を動かします。演じ手も吹く表現をします。北風のセリフは自信たっぷりに言いましょう。
＜場面３＞	それを見ていた太陽が言いました。 「ワッハッハッハ。世界で一番強いなんて言っているのはどなたですか？」 　「誰だ！　誰だ！　俺さまを笑ったのは？」「私ですよ、北風さん。私は太陽です。北風さんは本当に自分が世界で一番強いと思っているのですか？」 　「当たり前だ！　俺さまが世界で一番強いんだ！」「そうでしょうか。私のほうがずっと強いと思いますよ」	③太陽の「ワッハッハッハ」はオーバーに笑いましょう。北風が話すときは北風を手に持って動かします。太陽は大らかに少しゆっくりセリフを言い、ゆったりとした感じを出しましょう。北風は、えらそうにいばって演じます。

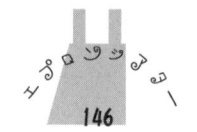

〈場面４〉

怒った北風は、「よーーし。そんなに言うなら、俺さまと力くらべをしよう！　俺さまが強いことを見せてやる！」と太陽に言いました。
　ちょうどそのとき、１人の旅人が太陽と北風の前に通りかかりました。
「そうだ。あの旅人のコートと帽子を脱がせたほうを勝ちとしよう」
「いいでしょう。ではでは、お先にどうぞ、北風さん」

④ポケットから旅人を出し、エプロンにつけます。演じ手は北風がだんだん怒っていく感じで、太陽は対照的に余裕のある感じで、声色を使い分けて演じましょう。

〈場面５〉

「よーし！　俺さまから行くぞ。それ！　ピュー！　ピュー！」と、北風は思いっきり冷たい風を旅人に吹きつけました。
「あれ？　急に冷たい北風が吹いてきたぞ。ううー、寒い、寒い！」と旅人はブルブルふるえながらコートと帽子を押さえました。

⑤北風を持って、左右に動かし、風が「ピュー！ピュー！」吹いている様子を出しましょう。旅人が話すときは北風をエプロンにつけておきます。演じ手は旅人になって、寒そうなしぐさをします。

〈場面６〉

「まだ飛ばないな。よし、これでどうだ。ピュー!!　ピュー!!」北風はさらに強く旅人に吹きつけました。
「うわぁ！　これはすごい風だ。帽子もコートも飛ばされてしまう」

⑥北風を手に持ち、前よりさらに左右に強く動かしてから、エプロンに付けます。そして、北風のうしろについている布も引っ張り出しさらに強く吹いている感じを出しましょう。

〈場面７〉

「おかしいな。まだ飛ばないな。よーし！　もっともっと強く吹くぞ。それ！　ビューン!!　ビューン!!　ビューーン!!」
「うーっ、寒い！　寒い！　コートと帽子が飛ばされては大変だ！」

⑦北風の後ろの布をさらに強く動かし、風の強さを表します。同時に、演じ手は表情でも風が吹く様子を表現しましょう。

〈場面８〉

　北風がビュン、ビュン吹けば吹くほど、旅人は帽子とコートをますますギュギューッとおさえてしまいます。
　「ああ、疲れた！　こんなに強く吹いているのに！」
　疲れた北風は、とうとう旅人のコートも帽子も脱がせることはできませんでした。

⑧北風が風を吹き、旅人がコートなどを押さえる場面の繰り返しなので、単調にならないように、演じ手はだんだん疲れていく北風の様子やどんどんコートを押さえていく旅人の感じを表情やしぐさで工夫して演じましょう。

〈場面９〉

　「さあ、今度は私の番ですね」
　太陽は、ポカポカ、キラキラ、旅人を照らしはじめました。
　「おや？　北風がなくなったみたいだな。ポカポカ暖かくなってきたぞ。ああー、いい気持ちだ」

⑨演じ手は手をきらきらさせて、太陽が照る様子を表現します。旅人のセリフははじめは暖かくて気持ちよさそうに言いましょう。

⑩演じ手はポカポカ暖かい気持ちのよさそうな感じから、だんだんと暑くなっていく旅人の様子を出しましょう。汗を拭く動作なども入れるとよいでしょう。

〈場面10〉

　太陽はさらに旅人を照らします。ポカポカ、キラキラ。ポカポカ、キラキラ。あたりはどんどん、どんどん暑くなっていきます。
　「ふうー、暑い、暑い。なんだこの暑さは！　もう、がまんできない。コートも帽子も着ていられない！」

⑪旅人の帽子とコートを取り、エプロンの裏側のポケットにしまいます。

⑫「さて、どっちが勝ったでしょう？」と子どもたちに問いかけ、子どもたちの答えを引き出しましょう。それを待って次のセリフを言います。

〈場面11〉

　とうとう旅人は、帽子とコートを脱いでしまいました。
　さて、どっちが勝ったでしょう？
　そうですね。太陽ですね。
　どんなに力が強くても頭を使わなければいけませんよね。

＊知恵を使って物事を解決するおもしろさを感じさせるお話ですので、似たような経験をしたことがあったか子どもたちに聞いてみてもよいでしょう。

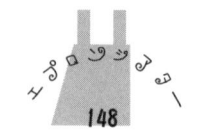

その他、知っておきたいこと!!

スムーズに演じるために、必要なこと

　　はじめてエプロンシアターをする場合は、かんたんで演じやすい作品を選びます。人形や仕かけをどこから出すのか、どこにしまうのかを確認しておきます。お話の場合、絵本に書いてあるストーリーを一字一句覚えるのはたいへんなので、おおまかな話の流れを頭のなかに入れておきます。場面ごとのセリフを人形を動かしながら、声を出して練習します。そのとき、自分が言いやすいようなセリフや人形の動かし方を研究して、自分なりの演じ方のスタイルをつくります。子どものまえでは自信をもってやりましょう。失敗を恐れず繰り返し演じることが、上手になるポイントです。最初は、いろいろな作品を手がけるのでなく、1つの作品を深めていき、自分の得意とする作品をもちましょう。

エプロンシアターの活用の方法

　　エプロンシアターの人気の秘密は、大好きな先生が演じ手であること、そして、演じ手の体の一部と思われるエプロンから、人形が出てくるという不思議な世界を味わうことです。保育者は、子どもとエプロンを通してお話をするという感覚をもつもので、通常の保育のなかに活用することで、子どもとの信頼関係を築くことができます。また、作品もかんたんな歌遊びやお話から童話にいたるまで、幅広いので、乳児から楽しめます。エプロンのなかから「何が出てくるかなあ？」と、演じ手のポケットから子どもが興味を示すものを出すだけでも子どもたちは大喜び。いつでもどんなときでも楽しめるエプロンシアターですから、保育の場で生かして使いましょう。

さらに、学びたい人へ!!

『楽しい エプロンシアター』　中谷真弓／アド・グリーン企画出版／1994

　具体的でわかりやすい本です。お話、歌、クイズのエプロンシアターに分かれて作品がのっていますので、年齢に合わせて選ぶことができ参考になります。

『ザ・エプロンシアター』　中谷真弓／フレーベル館／1993

　①〜③まで3冊出ています。1冊に3作品が紹介されていて、演じ方も写真入りでていねいに説明されていますので、わかりやすいものです。つくり方もかわいいカットが入っていて見やすくなっています。

ゲーム

ゲームの魅力

　子どもたちが園での集団生活に慣れ、みんなでいると楽しいなという経験を積んでくると、遊びのなかで自分たちでルールをつくり出したり、ルールをもった遊びにも興味を示すようになります。はじめは、保育者と子どもの関係だけですが、そのうちに保育者を間において子どもと子どもがつながっていきます。子ども同士がつながると、ドロケイ（泥棒と警察）、缶けり、中あて、リレー遊びなど、体を思いきり使ったダイナミックな活動も楽しくなります。

　もちろん、ゲームのなかには、勝敗を決めるものもありますが、子どもたちは勝ち負けではなく、友達と力を合わせることの大切さやハラハラ、ドキドキという興奮を楽しんだり、友達や自分のチームを応援する喜びなどを体験を通して学んでいきます。ゲームはゲームそのものを楽しむと同時に、子どもたちの心の育ち合いを支えるものでもあるのです。

ゲームを行うときに

ゲームの進め方は子どもにわかる言葉で説明しましょう

あらかじめゲームの進め方やルールを整理して、子どものわかる言葉で説明できるようにしておきましょう。「捕まえられたらだめなんだよ」「捕まらないのがいいんだよ」というように、具体的に説明するとわかりやすいでしょう。

また、実習生はよく「男女別」とか「集合して」というような、子どもの年齢によっては、わからないような言葉を使ってしまうことが多いので注意しましょう。

ゲームをする空間を確保しましょう

室内の場合、机をたたんで隅に片づけたりいすを重ねたりして、ゲームをするのに安全な空間をつくりましょう。多少、子どもの動きが活発になっても、棚や机などにぶつからないくらいの空間が必要です。また逆に、その空間に見合ったゲームを行うようにしましょう。せっかく友達と楽しさを共有するのですから、配慮不足によるけがなどでつまらない思いをしないようにしましょう。

外遊びでゲームを行う場合、ほかの遊びをしている子どものじゃまにならないように場所を考え、ぶつかったり砂場の製作物を壊さないように子どもにも注意をうながしましょう。とくに小さい年齢の子どもには気をつけるようにしましょう。

子どもの発達に合ったゲームをしましょう

はじめてゲームをする場合や、低年齢の子どもとゲームをする場合、勝敗にこだわるゲームよりも、参加して「あー、楽しかった」「また、やりたいなあ……」と感じられる内容のものを選びましょう。

場合によっては、ゲームを盛り上げる曲を用意しましょう

運動会でも競技中はそれらしい音楽が流れ、場の雰囲気を盛り上げています。保育室や遊戯室でも音量さえ気をつければ取り入れることができるでしょう。並足用（となりのトトロ、ハイホーなど）、かけ足用（天国と地獄、ウィリアムテル序曲など）と別々に用意し、ゲームの雰囲気に合ったほうを流してみるとさらに楽しい雰囲気がつくれます。

並び位置や待機位置がわかるようにラインを引くのもよいでしょう

何もないところで並んだり待ったりするより、ラインを引いたほうがわかりやすいものです。園庭なら白線や水で、室内ならビニールテープで印をつけるとよいでしょう。

こんなとき、どうする!? －よく起こるトラブルへの対処－

Q.「見てる」と言って加わらない

A. みんなでゲームをしようとしたときに、「見てる」と言って参加したがらない子どもが1人や2人はいるものです。説明だけでは、要領がのみこめなかったり、はじめての事柄に慎重な子どもの場合が多いようです。無理に最初から参加させずに、「じゃあ、1回やってみるから見ててね」と声をかけ、一度終わったところで再び誘ってみましょう。子どものなかには、自分が納得した後で参加するタイプの子もいますし、誰かの援助があるなら参加したいと思っているタイプの子もいます。援助を必要としている子には、「先生と手をつないでやってみない?」と誘ったり、「Aちゃんと手をつないで2人で1人になったつもりでやってみない?」と子どもの不安が和らぐ方法を示してあげましょう。

Q. 体の大きい子に捕まえられるのが怖い

A. 体の大きい子どもや力の強い子どもが鬼ごっこの鬼になると、タッチした瞬間に体の小さい子は飛ばされてしまったり、ぶたれたという感覚をもってしまい、けんかになってゲームが中断してしまうことがあります。保育者が間に入って、わざとではないことを伝えたり、タッチの強さ加減を子どもと話し合ったりして、誤解を生じさせない配慮をしましょう。

Q. 負けるとふてくされる

A. 誰でも負けるとおもしろくないものです。大人だってそうです。まずは、「負けると悔しいよね」とその気持ちを受け止めてあげましょう。その後で、「次は勝てるかもしれないよ」と励ましたり、「じゃあ、どうやったら勝てるのかな?」と子どもたちと一緒に考えたりしてみましょう。意外にまわりの子どもから、「ぼくもさっきは負けたけど、今は勝ったから大丈夫だよ」とか、「こうやるといいみたいだから、してみなよ」などいろいろな意見が出てきます。

3歳児と楽しむ ゲーム

選ぶときのポイントとゲーム紹介

　まだ、みんなでいっしょに何かをすることに魅力を感じない子が多い年齢なので、ルールがかんたんで、1回に費やす時間が短時間なもの、そして勝敗にこだわらないものを選び、「みんなでやると楽しいな」と感じられるものを選びましょう。

ゲーム紹介

「おせんべやけたかな」

　子どもたちに手の甲を出してもらい、「おせんべやけたかな」と言いながら一つ一つ触っていきます。「な」のところに当たった手は裏返し手のひらを見せます。次に当たったら、「両方焼けたので食べましょう」と食べるまねをします。

「どっちにある？」

　手の中に隠れるくらいの物を「どっちかなー」といいながら、片方の手の中に隠します。「どっちにある？」と子どもたちに聞いて当てる遊びです。

「じゃんけんぽん」

　まだじゃんけんのできない子もいるので、大人対複数の子どもで行います。「じゃんけんぽん、わたしは、グーだからパーの人みんな勝ち！」

「なきごえ遊び」

　犬、猫、にわとりなどなきごえのあると思われる動物の絵を何枚か用意しておきます。

　1枚ずつ絵となきごえを合わせた後、カードを裏返して混ぜ、「さあ、何が出てくるかな、なきごえを間違えないように言ってね」と次々出して遊びます。

ゲームを楽しむためのポイント

　かんたんなゲームでもみんなで行うということは案外たいへんなことです。まず最初に遊び方を説明しますが、3歳児くらいでは説明を聞いただけでは理解している子はほとんどいません。補助としてもう1人大人を入れて（担任の保育者など）子どもの動きと同じことをしてもらいましょう。「○○先生といっしょに動くんだよ」「○○先生のまねっこをするんだよ」と、具体的に示せるようにしましょう。また、短いものを繰り返し行うことで子どもたちの理解を深めていきましょう。

　みんなで遊んだという経験を大切にできるように、ゲームが終わったあと「○ちゃんと、△ちゃんと……みんなで遊んで楽しかったね」と言葉に出して楽しかったことを子どもたちに伝えましょう。

実 践 例

【 持っているのはだあれ？ 】

<1>

<進め方>

子どもたちは、円形になり、いすに座ります。

「ちゅうりっぷ」の歌に合わせてぬいぐるみを時計方向にまわします。
「咲いた、咲いた、〜」の「た」のときに隣りの子どもにぬいぐるみを渡します。

「咲いた、咲いた、
ちゅーりっぷの花が
並んだ、並んだ、
赤、白、黄色、
どの花見ても、きれいだな」

<2>

「〜どの花見てもきれいだな」と歌が終わったときに持っていた子どもが負けです。
負けた子どもは一つ保育者の質問に答えます。

質問に答えたらもう一度やりましょう。

<ポイント>

・歌に合わせてぬいぐるみをまわすので、隣りの子どもとの間隔は近くします。

・歌はテンポのゆっくりしたものを選びましょう。

・拍子に合わせてまわすようにしますが、最初はあまりこだわらなくてもよいでしょう。

・ぬいぐるみは投げないで隣りの子どもの膝の上に置くように話しましょう。

・「〇ちゃんの負けですね」と言うより「〇ちゃん、大当たりですね」と言ってあげましょう。

・「〇ちゃん、大当たり!! では、先生の質問に答えてくださいね。今日、朝ご飯は食べましたか？」

・「朝ご飯は何を食べましたか？」など、子どもの発達によって、「はい」「いいえ」で答える質問か、自分で考えて言葉を発する質問か考えましょう。

【 ロンドン橋 】

〈1〉

〈進め方〉

保育者と1人の子どもが両手をつないで橋をつくります。

「ロンドン橋落ちる、落ちる、落ちる～」とうたっている間、他の子どもはこの橋をくぐります。

「ロンドン橋、落ちる、
　落ちる、落ちる、
　ロンドン橋、落ちる、
　さあ、落ちた。」
　　　　　（イギリス民謡）

〈2〉

「～さあ、落ちた」の「た」のときに、橋の役の保育者と子どもは両手をつないだまま、下げます。
下げた手の中で捕まった子どもと保育者が、次回の橋の役になります。

〈ポイント〉

- 1回くぐった子どものなかには、向きをかえて出口から入ろうとする子もいます。ぶつかることを避けるために「一方通行だよ」「ぐるーと回ってこっちから入るんだよ」と言って、入口と出口を知らせてあげましょう。

- 何回か繰り返し子どもたちが慣れてきたら、橋役を子ども2人にして保育者もロンドン橋をくぐってみましょう。

【 かごめかごめ 】

＜１＞

＜進め方＞

１人鬼を決め、目をつぶって手で目を軽く押さえてしゃがみます。

鬼のまわりにみんなで手をつなぎ円をつくります。
「かごめ、かごめ」の歌に合わせて、時計回りにまわります。

＜ポイント＞

- はじめは、鬼になりたい子が集まってじゃんけんで鬼を決めてもよいでしょう。じゃんけんができないときは、「だれにしようかな」で決めてもよいでしょう。

- 走らないように注意しましょう。

＜２＞

「かごめ、かごめ、
　かごのなかのとりは、
　いついつ、でやる、
　よあけのばんに
　つるとかめが、つっぺった、
　うしろのしょうめんだあれ」
　　　　　　（わらべうた）

「〜だあれ」でまわるのをやめて、みんなその場にしゃがみます。

- 真うしろに子どもがいないときは、保育者が指をさして「〇ちゃんよ」と声を出さずに知らせてあげましょう。また、このときに「ぼく？」と声を出しそうになる子どももいますので、「しーっ！」とジェスチャーで声を出さないように促しましょう。

＜３＞

鬼の背中にいる子どもに鳴き声を出してもらいます。
その声を聞いて、鬼はだれだか当てます。
当たったら、次回はその子が鬼になります。

- 「今から後ろのお友達に犬の泣きまねをしてもらうからね。では、お願いします」と、保育者がきっかけをつくってあげるとよいでしょう。

- 回数を重ねたら、「何か好きな動物になって鳴いてみてください」と、鳴き声を子どもに任せるのもよいでしょう。

【 玉入れ 】

<進め方>

<1>

みんなで新聞紙を丸めてボールを作ります。（1人、2～3個くらい）

黒板や壁に、大きめの紙袋もしくはダンボールを、床から1メートルくらいの高さに固定します。

「よーい、ドン」のかけ声で新聞紙のボールを投げ入れます。

<2>

「おしまい」のかけ声で入れるのをやめにします。

子どもたちを座らせ、保育者は中の新聞紙を数えながら放り出します。

<ポイント>

- 「きゅっ、きゅっと固くまるめてね」と上手にボールを作るように説明しましょう。

- 落ちている新聞紙のボールは、拾って投げるよう促しましょう。

- はじまりやおわりが子どもにわかるように、太鼓やタンバリンをならすとよいでしょう。「タンバリンがなったら、おわりだからね」とあらかじめ子どもに伝えましょう。

- 「いち、にー、さん、……」と子どもといっしょに数えましょう。

- 新聞紙のボールは子どもに見えるように高く放りましょう。

- 「次は、もっと入るかな？」と次回に期待するような言葉かけをしてみましょう。

4歳児と楽しむ ゲーム

選ぶときのポイントとゲーム紹介

　勝敗の楽しさがわかりはじめるころですが、まだみんなでやることを大切にしたい年齢でもあります。競争や対立が明確なゲームよりも、友達と力を合わせるゲームを主として選びたいものです。

ゲーム紹介

「なべなべそこぬけ」
　2人組みになって向かい合って両手をつなぎます。「なべなべそこぬけ、そこがぬけたらかえりましょう」の歌に合わせて両手を揺らし、「かえりましょう」で、手をはずさずに、背中合わせになる遊びです。

「色おに」
　鬼の子どもに「赤」「青」など1つ色を言ってもらいます。鬼以外の子どもは、言われた色を探してそれにさわります。鬼は、他の子が色を探しているあいだに捕まえます。

「あぶくたったにえたった」
　円の中心に鬼の子がしゃがみ、それ以外の子もは鬼の子を囲むように手をつなぎます。「あぶくたったにえたった、にえたかどうだかたべてみよ……」の歌に合わせて鬼のまわりを回ります。その後、鬼ごっこに変化する遊びです。

「とんだとんだ」
　大人「とーんだとんだ」、子ども「なーにがとんだ？」、大人「雀がとんだ」、子ども「とんだ」とかけ合いをし、何度かとぶものを言った後、とばないものを言います。そのとき子どもは「とばない」と答えるゲームです。

ゲームを楽しむためのポイント

　順番に行うことでも、はじめてのことやはじめての場では順番が守れずごちゃごちゃになることがあります。「大丈夫だよ。順番にみんなにまわってくるから、あせらない、あせらない」など言葉かけをしましょう。

　4歳児になるとほとんどの子がじゃんけんができるようになってきています。順番決めや鬼決めのときにじゃんけんを使うのもよいでしょう。ただし、子どもによってはゆっくりとしたテンポでないとじゃんけんができなかったり、また、わざと後出しをする子どもも見られるようになります。ルールが守られるように立ち会いましょう。ゲームのはじまりやおわりなど太鼓やタンバリンなどを使い、子どもたちにわかりやすいように工夫しましょう。

実践例

【 ドレミの歌遊び 】

＜１＞

＜進め方＞

円形にいすを並べ座ります。7グループに分け、端から「ド」「レ」「ミ」「ファ」「ソ」「ラ」「シ」グループとします。

まず1回「ドレミのうた」をみんなでうたいます。その後で、次は自分のグループの音のときに立つことを伝えます。自分のグループの音が終わったらいすに座ります。

＜ポイント＞

・事前に「ドレミのうた」を十分にうたい込んでおきましょう。

・グループ分けは、「ド、レ、ミ～」と順番にしましょう。（「ド」の隣に「ミ」はだめです）

・「今日は、ドレミのうたでゲームをするからね」と予告をして一度うたってみましょう。

＜２＞

「ドは、ドーナッツのド」で「ド」グループの人たちだけ立ちます。

・「次は練習ね」と言ってゆっくりしてみましょう。

・慣れてきたら、保育者はピアノを弾いてもよいでしょう。

＜３＞

「レは、レモンのレ」で、「レ」グループの人が立ちます。それと同時に「ド」グループの人は座ります。

・「ソ、ド、ラ、ファ、～」の部分にきたら、少しテンポを落としてもよいでしょう。

・また、2番の歌詞の後の「ドミミ、ミソソ、レファファ、ラシシ、～」はテンポをかなり落としたほうがよいでしょう。

【 ドン、じゃんけん 】

〈 進め方 〉　　　　　　　　　〈 ポイント 〉

〈1〉

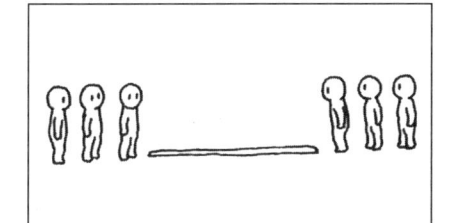

ビニールテープなどでラインを引きます。

2グループに分かれ、それぞれラインの端に一列に並びます。

- ビニールテープのほかに積み木を並べたり、平均台を使っても楽しめます。必要であればマットを用意したり、積み木をガムテープで固定するなどしましょう。

〈2〉

「よーい、どん」の合図で、先頭が両端からラインの上を進みます。

- 「よーい、どん」の前に出てしまう子どももいます。「まだだよ、まだだよ」と声をかけ、「どん」でいっせいに出るようにしましょう。

〈3〉

相手と出会ったところで「どん」と言ってお互い両手を合わせます。それからじゃんけんをします。

- 「どん」があまり強くなり過ぎないようにしましょう。

〈4〉

勝ったほうはそのまま進み、負けたほうはラインから降りて自分のチームの最後尾に戻ります。それと同時に負けたチームの次の人がラインにそって進みます。

テープの端まで攻め進んだグループの勝ちです。

- じゃんけんで負けたほうのグループの2番目の子どもが、よそ見をしていたり、進むきっかけを失っていたりすることがあるので、保育者が「〇ちゃん、進むんだよ」と声をかけてあげるとよいでしょう。

【 ボール送り 】

<1>

<進め方>

1列に並んで足を肩幅まで広げます。

「よーい、どん」でボールを股の下からうしろの人に渡します。

<ポイント>

- 2グループに分けて対抗戦にしてもよいでしょう。そのときは人数を合わせましょう。

- 股の下からうしろの人にボールを渡すときにころがしたり、投げたりする子どももいるので、股の下から手渡しするように説明しましょう。

<2>

最後尾の人は自分のところにボールがまわってきたら、ボールを持って、先頭に移動して、同じように股の下からうしろの人に渡します。

- 最後尾の人が先頭にきたときに、ボールをそのまま渡そうとする子どもがいますので、「うしろ向きになって、下から渡すんだよ」と声をかけるとよいでしょう。

<3>

全員がおわったら、おしまい。

- 2グループの対抗戦にするときは、最後の人がわかるようにタスキをかける、リボンを胸につける、ぼうしをかぶるなど工夫してみましょう。

【 たけのこ1本ちょうだいな 】

＜1＞

＜進め方＞

鬼を1人決めます。
先頭の子どもは柱につかまりしゃがみます。うしろの子どもも1列になって前の人の腰に手を回してしゃがみます。
鬼役の子が「たけのこ1本ちょうだいな」と言うと、ほかの子が「まだ芽が出ないよ」と言い返します。

＜ポイント＞

- 倒れ込む遊びなので、まわりにぶつかる物がないかどうか確認してから行いましょう。

- 「たけのこ1本ちょうだいな」「まだ、芽が出〜ないよ」は、節をつけて言いましょう。

(作者不詳・採譜／但木英美)

たけのこいっぽん ちょうだいな まだめが でないよ もうめが でたよ

＜2＞

3回ほど繰り返し、3回目には「もう、芽が出たよ」と言います。

鬼役の子どもは、1番うしろにつき、力一杯引っぱります。ほかの子は、手が離れないようにふんばります。

- 「さあ、抜きにきたよ」と保育者が言葉をかけ、子どもに心の準備をさせましょう。

- 「よいしょ！ よいしょ！」と保育者がかけ声をかけてあげるといいようです。

- 保育者は外れそうな位置のそばにいて、子ども同士、頭がぶつかりそうになったり、倒れ込みそうになったときに対応できるようにしておきましょう。

＜3＞

ふんばりきれずに手が外れてしまったら、おわり。次回の鬼役は手を外してしまった子がなります。

- 2回目は、並び順を変えて行いましょう。とくに、前方と後方とを入れ替えましょう。

5歳児と楽しむ ゲーム

選ぶときのポイントとゲーム紹介

5歳児になると運動能力や社会性もついてきて、ルールを守りながら友達と協力する姿が見られます。また、勝敗を受け入れられる子もふえてきています。いろいろなゲームを取り入れてみましょう。

ゲーム紹介

「どろけい」

泥棒グループと警察グループに分かれて、警察は泥棒を捕まえます。捕まった泥棒は牢屋に入れられますが、警察のすきをついて仲間の泥棒が助けるゲームです。

「ハンカチおとし」

円の中心を向いて座ります。鬼はその外側をハンカチを持ってまわり、わからないようにハンカチを落とします。ハンカチを落とされた人はそのハンカチを持って鬼を追います。鬼は、捕まらないように逃げ、空いた場所に座ります。

「いす取りゲーム」

子どもの数より少なくいすを用意して円に並べます。歌をうたいながらいすのまわりを回り、タンバリンがなったら近くのいすに座ります。座れなかった子は、次回見ています。どんどんいすを減らしていくゲームです。

「はないちもんめ」

2グループに分かれ、グループごとに横に並び手をつなぎます。「ふるさともとめて はないちもんめ」とわらべうたに合わせ、前後に歩きます。
指名された人がじゃんけんをし、負けた人は勝ったチームに吸収される遊びです。

ゲームを楽しむためのポイント

ゲームはハラハラ、ドキドキしながら行われるものです。実習生も子どもといっしょになって楽しみましょう。「どろけい」などのダイナミックなゲームは、4、5歳児になると実習生が本気で逃げる姿が子どもたちにもいい刺激になり、ゲームそのものが活気づくものです。また、発言力のある子どもが自分に有利な方向にゲームを進めようとしたり、なかにはズルをする子どもも出てくるので、子どもと話し合ってルールを決めていきましょう。勝敗が楽しめるようになったとはいえ、やはり負けると悔しいものです。負けたらやめるのではなく、「友達と力を合わせると次はうまくいくかもしれないよ」と次に気持ちを向けられるよう援助してあげましょう。

実 践 例

【 そーっと！ そーっと！ 】

〈1〉

〈進め方〉

同じざるを2つ用意します。

2チームの対抗戦で行います。
それぞれのチームを右側と左側とに半分に分けます。

3～4メートルの距離をつけます。

〈2〉

「よーい、どん」の合図で、ざるを頭の上にのせます。
手を使わずに正面にいる自分の仲間のところまでいきます。
落としたり手を使ったら、スタートの位置まで戻ってやり直しです。

〈3〉

仲間のところまで行ったら、ざるを先頭の子に渡し、列の最後尾につきます。

早く終わったほうが勝ち。

〈ポイント〉

・勝敗を争うゲームなので、最後の人がだれだかわかるようにタスキを使うとよいでしょう。

・ゲームを行う空間によっては、左右に分けずに片側に集め、いすなどを回って帰ってくるように設定してもよいでしょう。

・並足の曲を流すと雰囲気が出るでしょう。

・むずかしかったら、その場からやり直したり、3歩下がったところからやり直す等、子どもの状況に合わせてルールをつくっていきましょう。

【 おとなりさん にげろ！ ゲーム 】

＜進め方＞

＜1＞

鬼役を1人、逃げる役を1人決めます。その他の子は2人組みになって、2人並んで積み木に座ります。
全体の形は円形にします。
鬼は逃げる子を捕まえます。

＜2＞

逃げる役の子は、鬼に捕まるまえに、どこでもいいので積み木のいすに座ります。
逃げる役の子が座ったら、隣りの隣りの子がいすから押し出される形で、今度は逃げる役になります。

＜3＞

逃げる役の子が次から次へと代わっていきますが、鬼は交代する隙間をねらって捕まえましょう。
捕まえられたら、その子が今度は鬼になり、鬼だった子が逃げる役になります。

＜ポイント＞

・積み木がなければ、いすでも可能でしょう。

・慣れてくると立ったまま2人で肩を並べてすることもできます。

・逃げる役の子が自分の隣りに座りにきたら、座ったままズリズリとつめて、押し出されていく子がわかるようにしてあげましょう。

・はじめのうちは「〇ちゃんだよ」と声をかけてあげ、しだいに保育者は見守るようにしていきましょう。

【 ボール運び 】

〈1〉

〈進め方〉

2人組みで2チーム作ります。

ボール2個、色画用紙（厚め）2枚を用意します。

〈ポイント〉

・紙の質や大きさ、ボールの大きさや質によって、むずかしさがさまざまです。ゲームをはじめるまえに、試してみましょう。

・タスキを使って、最終組がわかるようにしてもよいでしょう。

〈2〉

「よーい、どん」の合図で画用紙の上にボールをのせ、2人で力を合わせてボールを落とさないように運びます。

いすをまわって戻ります。

ボールが落ちたら、紙をいったん床に置き、落としたところからやり直します。

〈3〉

戻ってきたら、床にいったん置き、次の人と代わります。

終わったら、最後尾につきます。

・落とした後、あせってしまい立ったままボールを乗せようとする子が多いようですが、片手で紙を持つため、かえって紙が斜めになりボールがころがってしまいます。床に置いてからやり直したほうがいいことを、事前に見せてあげるとよいでしょう。

・そーっと置かないとボールがころがりますので、保育者は声をかけ、知らせましょう。

【 震源地はどこだ？ 】

〈進め方〉

〈1〉
円形になっていすに座ります。
鬼役を1人決め、鬼は円の外に出て、うしろ向きで目をつぶります。
保育者が、震源地となる人を声を出さずに指名します。

〈2〉
震源地の人は手をたたきます。それをまねてみんな手をたたきます。
鬼に目を開けて、円の中心にくるように伝えます。

鬼が震源地の人を当てるゲームです。

〈3〉
震源地の人は、鬼に気がつかれないように、動作を変えます。震源地の人が動作を変えたら、他の人も震源地の人と同じ動作をします。

〈4〉
鬼は震源地の人がわかったら、「〇ちゃん」と名前を言います。
当たったら交代します。
震源地の人が鬼になり、鬼だった人が震源地になる人を指名します。

〈ポイント〉

- 震源地の意味がわかりにくいので、「1番最初に動きを変えた人を当てるゲームだよ。ほかの人は、みーんなまねっこしているだけだからね」と子どもにわかる言葉で説明するとよいでしょう。

- 「はい、震源地の人手をたたいてね」、「はい、用意が出きたので、鬼の人、目をあけてこっちにきてね」と保育者がゲームの進行を促しましょう。

- 震源地の人がびくびくして、なかなか動作を変えられない場合は、「震源地の人、今なら大丈夫よ、変えてみよう！」と促す言葉かけをしてみましょう。

- 「さあ、そろそろ鬼の人、わかったかな？」とタイミングをみて、鬼の子が名前を言い出すきっかけをつくってあげましょう。

その他、知っておきたいこと!!

「みんなで遊ぶと楽しいな」という気持ちを大切に育てましょう

　　ダイナミックなゲームを楽しむには、その基礎に「みんなでやると楽しいな」「力を合わせるとできるんだな（勝てるんだな）」という経験が必要です。そのために、あまり小さいときから勝敗にこだわってしまうと十分に楽しさを味わえなかったり、参加しようという気持ちが薄れたりしてしまうことがあります。まずは、勝敗色のあまりないものからはじめましょう。

　　とくに小さい子どもでは、追いかけられることだけでもいやな子どももいますし、鬼になることがいやな子どももいます。保育者が手をつないだり、ときにはおんぶや抱っこをして少しずつ参加する気持ちを育てていき、「みんなで遊ぶのって楽しい！」ということを体験させてあげましょう。その気持ちが、「また、みんなでやってみたいな」という気持ちを生み、楽しみの共有となるのです。

素材を工夫しましょう

　　ボールでも大きいもの、小さいもの、ビニールでできているもの、新聞紙を丸めたもの等いろいろあります。ゲームの内容に合ったもの、子どもの発達に合ったものを選びましょう。

ルールは子どもといっしょにつくっていきましょう

　　既成のルールにこだわらず、トラブルが生じたらその場で子どもたちと相談しながらルールをつくり上げていくのもよいでしょう。

障害児もできるだけ参加できるよう工夫しましょう

　　障害があってもなくても「やってみたい」という気持ちはみんな同じです。子どもたちと相談しながらどうやったら参加できるかを考えたり、また、本人の気持ちに沿う参加の仕方を配慮しましょう。

室内など空間が狭い場合は、ケンケンやはいはいを取り入れてみましょう

　　雨の日が続いたり、広い遊戯室が使えず保育室でゲームを行う場合、ふつうに走るには勢いがつき過ぎて危険な場合があります。そんなときは、走る代わりに片足跳びのケンケンにしたり、四つんばいのはいはいにすると、距離も長くいらないですし、勢いもある程度押さえられます。そして、ゲームのおもしろさも損なわれません。

さらに、学びたい人へ!!

『遊び・ゲームびっくりBOX　チャイルドランド』　木村研　編／いかだ社／1998

　外での遊び、バスのなかでのゲーム遊び、室内での遊びなど、2、3人で遊ぶものから大人数で遊ぶものなどイラストで紹介しています。

『この子にあった保育指導7　おにごっこ　ルールあそび　－対立をたのしむあそび－』「現代と保育」編集部・編／ひとなる書房／1996

　"わたしの園のおすすめあそび"として、保育園や幼稚園で実際に行われている鬼ごっこやルールのある遊びがのっています。

『2才児、3才児にもできるゲームあそび』　鈴木美也子編／アド・グリーン保育実技選書／1991

　童謡やわらべうたに合わせたゲーム遊びがのっています。

『みんなができる音楽リズムあそび　ゲームあそびヒント100』　黒岩貞子編／アド・グリーン保育実技選書／1991

　身近な物を使ってのゲームや遊びがのっています。

『0才からのうんどうあそび絵本』　瀬戸口清（文）、藤原明美著／明治図書／2000

　ゲームというより、体を使った遊びが主ですが、3歳児のはじめのころでも十分に楽しめる遊びがのっています。

『3・4歳児の特選ゲーム集』　日本創作ゲーム協会編／黎明書房／1997

　年齢ごとにゲームを紹介しています。保育のなかで取り入れられるものがたくさんあります。

『2～5歳　異年齢児・タテ割集団ゲーム集』　今井弘雄／黎明図書／2002

　異年齢児がいっしょに楽しめるゲームが紹介され、それぞれの年齢に合わせた楽しみ方がのっています。

『みんなで楽しい屋外あそび』「子どものしあわせ」あそび研究会／草土文化／1997

　年中児から小学生向きですが、色おに、高おに、くつ取り、ドロケイなど、みなさんの経験した遊びがのっています。

『3・4・5歳児ゲーム遊び　年間カリキュラム』　豊田君夫／黎明図書／2000

　年齢ごとのゲームの紹介だけでなく、ゲーム遊びの考え方ものっています。

おりがみ

折り紙を使った活動

折り紙の魅力

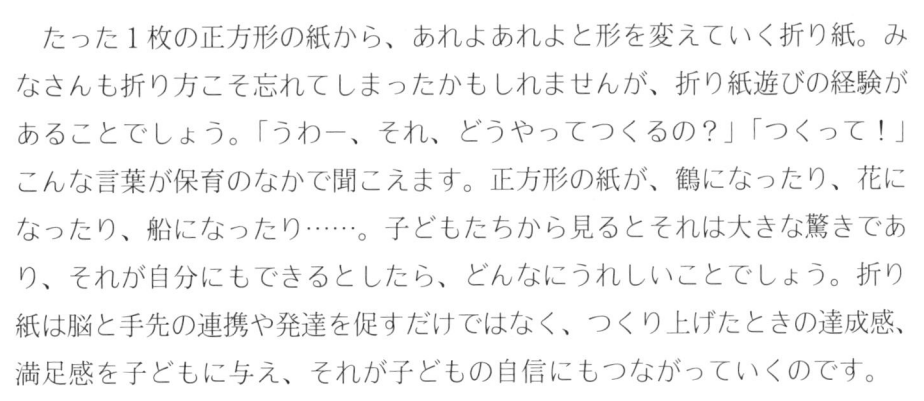

　たった１枚の正方形の紙から、あれよあれよと形を変えていく折り紙。みなさんも折り方こそ忘れてしまったかもしれませんが、折り紙遊びの経験があることでしょう。「うわー、それ、どうやってつくるの？」「つくって！」こんな言葉が保育のなかで聞こえます。正方形の紙が、鶴になったり、花になったり、船になったり……。子どもたちから見るとそれは大きな驚きであり、それが自分にもできるとしたら、どんなにうれしいことでしょう。折り紙は脳と手先の連携や発達を促すだけではなく、つくり上げたときの達成感、満足感を子どもに与え、それが子どもの自信にもつながっていくのです。

　また、作品をつくる過程で教え合う姿が見られるようになるなど、１枚の紙を媒体に子ども同士の関係が生まれてきます。折り紙はただ完成しておしまいというだけではなく、つくったものを遊びのなかで使う道具にするなど、子どもの遊びを豊かにする活動でもあるのです。

折り紙を使った活動を行うときに

子どもが活動しやすい環境を設定しましょう

　折り紙を折るには、寝そべっていたり、立ったままでは折ることができません。また、じゅうたんの上や、でこぼこしている物の上でも折ることはできません。机を用意して落ち着いた雰囲気のなかで折ることができるよう環境を考えましょう。場合によっては、床に座り、いすの座面を机の代わりにして折ることも可能でしょう。となりの子どもと腕がぶつかったり、他の活動をしている子どもとぶつかったりしないように考えましょう。自由遊び場面で折り紙の活動を入れるのであれば、折り紙のコーナーを設けるのも一つの方法です。

事前に何度も繰り返し折り、折り方をマスターしておきましょう

　子どもに折り紙の楽しさを伝えるには、保育者自身が折り紙を十分マスターしていなくてはなりません。途中で折り順がわからなくなったり、やり直しをしたりしていると、子どもも混乱して折り方がわからなくなったり、興味がそがれてしまいます。「何が、できるかな?」「お山みたいだね」「なんか、不思議だね」など、保育者自身が折りあがりを楽しみにしながら行うとその楽しみが子どもにも伝わるものです。そのためにも、事前に練習しておきましょう。万が一のため、折り紙の本をすぐ取り出せるところに置いておいてもよいでしょう。

　4、5人で机を囲んで折り紙の活動をするのであれば、真ん中に本を開いて置いてもよいでしょう。経験のある子どもは、子ども用の本を見ながら折れる子もいますし、そのような子どもが先生役となって、他の子に教えるきっかけにもなっていきます。

折り紙が子どもの遊びのなかでどのように展開していくのか予測してみましょう

　折り紙を折り終えました。さあ、できあがった物をどうしますか? つくり上げて満足する子どももいるでしょう。それならば、画用紙などに貼って、作品として残してあげましょう。複数の子どもの作品を集めて壁面装飾にするのもよいでしょう。

　また、つくった折り紙を使ってごっこ遊びを展開しても楽しいものです。たとえば、ハート、星などを折って細く丸めた広告の紙の先につけ、魔法の杖に見立てて魔法使いごっこ、おさいふを折って紙のお金を入れ買い物ごっこ、作品にリボンをつけペンダントにしてお店屋さんごっこなどです。ただ折るだけではなく、遊びのなかに取り入れることで、遊びのイメージも膨らみ折る楽しみも倍増します。(本書 p.173 参照)

見本用の大きい折り紙を用意しましょう

　一度にたくさんの子どもに折り方を伝えるときには、見本用に大きな折り紙を用意しましょう。包装紙を活用するとよいでしょう。包装紙は裏が白いほうが、裏表の関係がわかりやすく便利です。

ふだんどのようにして折り紙を出しているのか聞いておきましょう

　折り紙の出し方は園によっていろいろあるようです。常に子どもの手に届くところに設定してある園、必要なときに保育者が設定する園、折り紙を折るときに保育者が配布する園など、園によっての方針があるので、事前にうかがっておきましょう。

折るだけではなく、使って遊びましょう

　折り紙は日本の伝統的な遊びとして知られていますが、折り方を伝えることだけを目的にしないで、つくったものを使って遊ぶことを考えましょう。その遊びが楽しければ、「それ、どうやってつくるの？」と、子どものほうから作りたいという気持ちが生まれ、結果的に折り方を知るようになるのです。

折り方の記号

　折り紙の本を見ると、いくつかの記号があります。基本的なものを紹介しましょう。

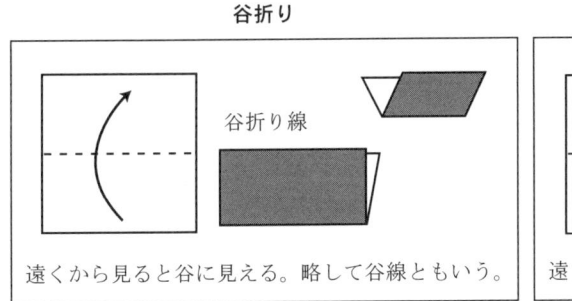

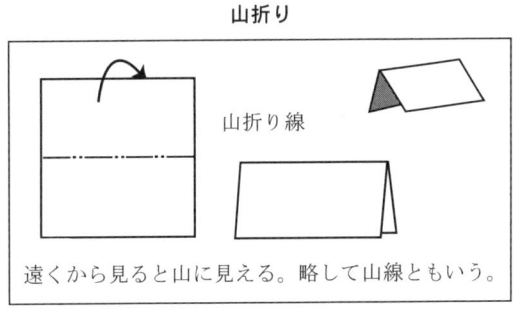

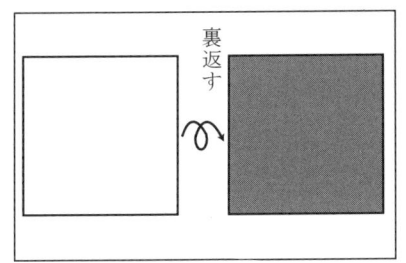

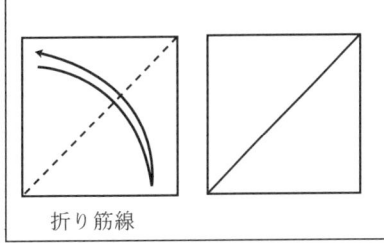

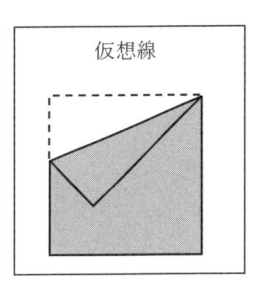

谷折り　谷折り線
遠くから見ると谷に見える。略して谷線ともいう。

山折り　山折り線
遠くから見ると山に見える。略して山線ともいう。

裏返す

折り筋線

仮想線

かんたんな折り紙を使った活動

実践例　3歳くらいから

【 おさいふ 】　－はじめて折り紙を折る子どもたちに－

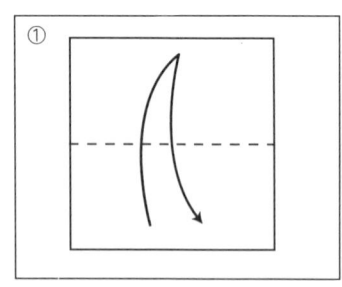

① 半分に折り、折り目をつけたら開く。

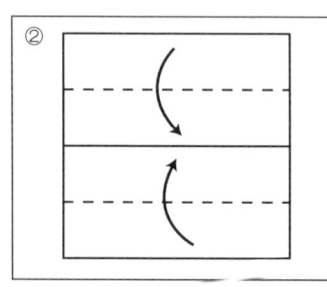

② 中心線に合わせるように上下から折る。

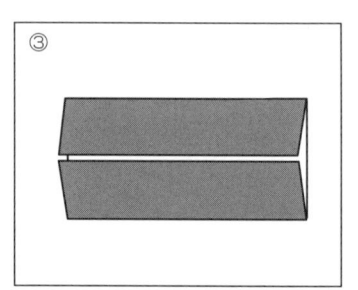

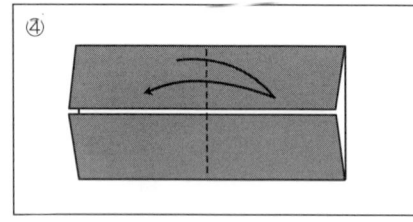

③

④ 半分に折って、折り目をつけて開く。

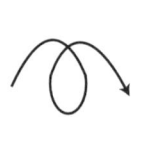

⑤ 裏返して、中心線まで折る。

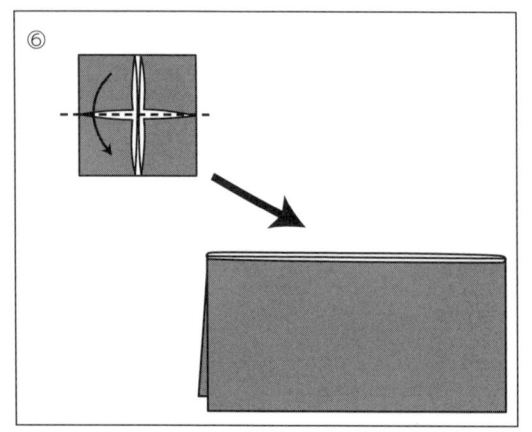

⑥ 半分に折って、できあがり！！

＊折るときの言葉かけと配慮点＊

　折り紙をはじめたばかりの子どもでも取り組める作品ですので、楽しい雰囲気でつくりましょう。上下を合わせるときに、「上と下と仲よしさんにするんだよ」「仲よくペッタンコってするんだよ」など言葉かけをしてみましょう。また、1回ずつ「アイロンかけようね」と折り目をしっかりつけるよう促しましょう。

この折り紙から こんな活動へ広げよう!!　　お店屋さんごっこ

　おさいふができたら、お金もつくってお店屋さんにお買い物に出かけましょう。年齢の小さい子でしたら、手でちぎった紙をお金に見たてるのもよいでしょうし、保育者の描いたお金に色をつけるのもよいでしょう。年中児、年長児は自分たちでお金をつくって遊びに参加できるでしょう。

　また、お店屋さんごっこというからには、お店屋さんの商品も必要です。

- ペンダント屋さん……直径8～10cmくらいの丸い画用紙に絵を描き、リボンをつける。
（直径8～10cmの丸型はコップや茶筒を使うと便利）
- バッチ屋さん……直径8～10cmくらいの丸い画用紙に絵を描き、裏に両面テープをはる。（セロテープを輪にしてつくようにしてもよい）
- ペロペロキャンディ屋さん……直径8～10cmくらいの丸い画用紙に絵を描き、ストローや広告の紙を棒状にして裏につける。
- 落ち葉屋さん……園庭などで、きれいな落ち葉を集める

　その他に、お化け屋敷、釣堀など、子どもたちと相談していると、いろいろなアイデアがでてきますので、みなさんも工夫してみましょう。

活動を広げるために

　お店屋さんごっこに使えそうないろいろな素材を用意し、子どもたちが使いやすい位置に設定しましょう。また、製作するコーナーと売り場とがごちゃごちゃにならないように場所の設定に配慮しましょう。

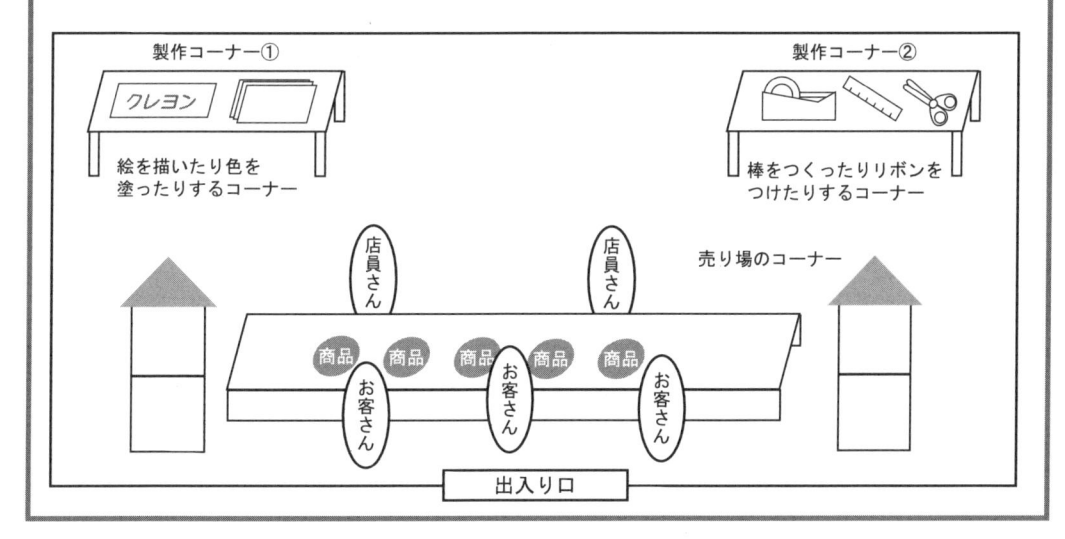

【 指 人 形……いぬ、うさぎ、ぶた、ねこ、きつね 】
－少し折り紙になれてきた子どもたちに－

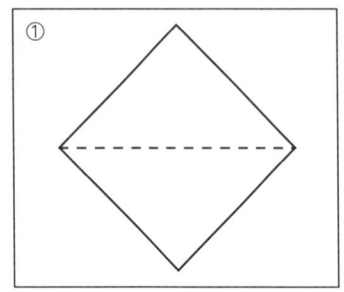

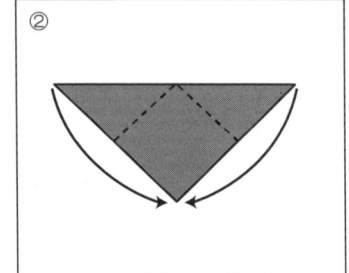

① 三角に折る。

② 左右の角を真ん中に折り合わせる。

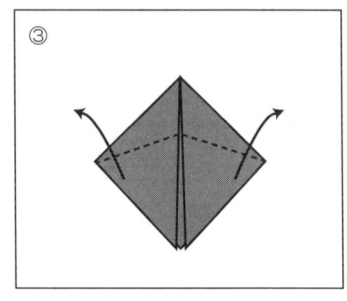

③ 左右の角から斜めに折り上げる。

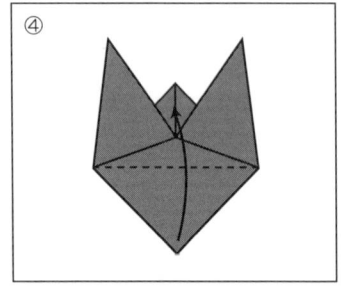

④ 下のほうの1枚だけを折り上げる。

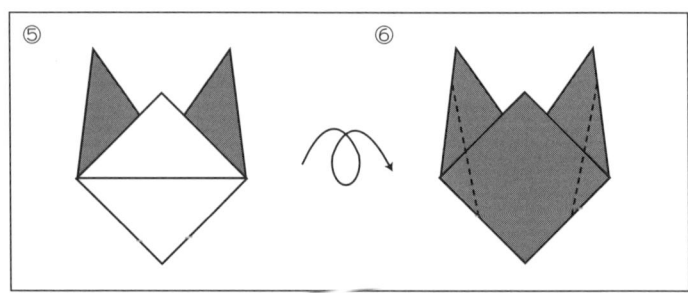

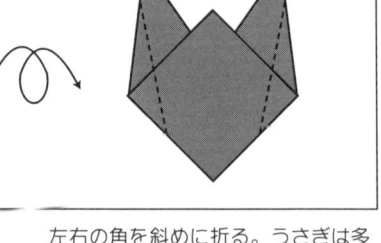

⑤ 裏返す。

⑥ 左右の角を斜めに折る。うさぎは多く、その他は少なく。

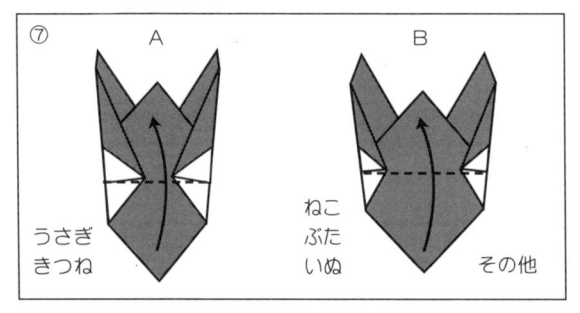

⑦ A うさぎ きつね　B ねこ ぶた いぬ　その他
紙の下を折り上げる。

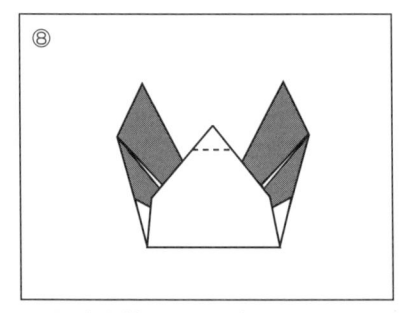

⑧ 頭の角を折り、のりづけする。

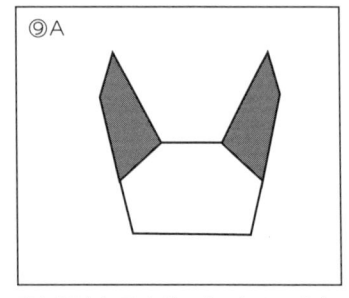

⑨A 表に返すとうさぎ、きつねのできあがり。

⑨B 表に返すとねこのできあがり。

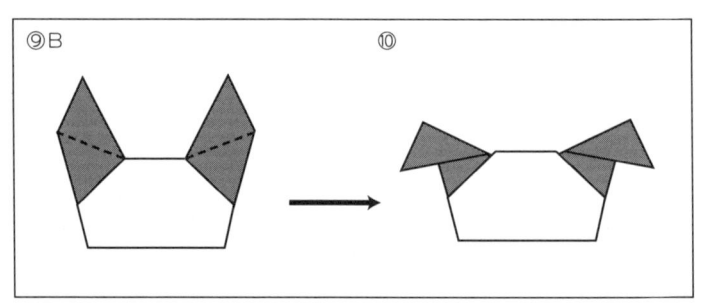

⑩ 耳を折り下げるといぬ、ぶたのできあがり。

折るときの言葉かけと配慮点

②の三角に折るときは、「三角のお山つくるよ」と言って山をつくってから、「ぐるぐるってまわしてお山を逆さまにするよ」と言い、図のようにしたほうが折りやすいでしょう。「耳ができてきたよ」「あっ、顔ができてきたみたい……」など、できあがりを楽しみにするような言葉かけをしながらつくりましょう。

この折り紙からこんな活動へ広げよう!!

指 人 形

指にはめて動かして遊びます。歌に合わせて動かしても楽しいでしょう。

こうえんで あそびましょう

作詞・作曲／但木英美

1番……ランランラン　公園で　ランランラン　遊びましょう
　　　　誰かが　誰かが来たよ　ワンワンワン　こいぬです
2番……ランランラン　公園で　ランランラン　遊びましょう
　　　　誰かが　誰かが来たよ　ぴょんぴょんぴょん　うさぎです
3番……ランランラン　公園で　ランランラン　遊びましょう
　　　　誰かが　誰かが来たよ　ブーブーブー　こぶたです
4番……ランランラン　公園で　ランランラン　遊びましょう
　　　　誰かが　誰かが来たよ　にゃあーにゃあーにゃあー　こねこです
5番……ランランラン　公園で　ランランラン　遊びましょう
　　　　誰かが　誰かが来たよ　コンコンコン　きつねです

少し複雑な折り紙を使った活動

実 践 例

4歳くらいから

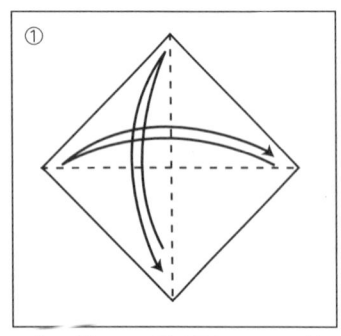

【 ハ ー ト 】

① 三角に折って、折り目をつける（上下、左右とも）。

② 上下の角を中心に合わせる。

③ 半分に折る。

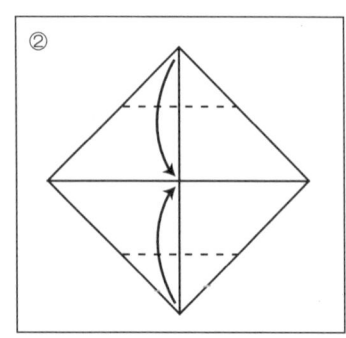

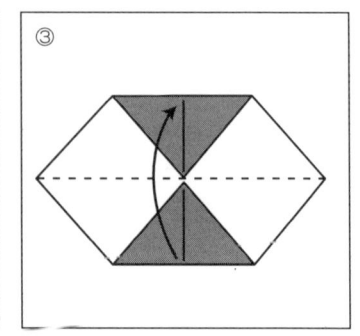

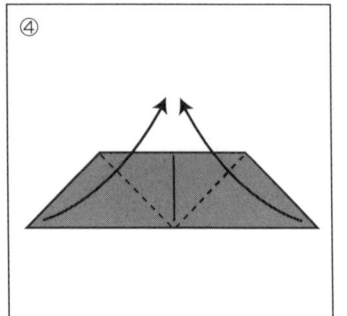

④ 左右の角を折り上げる。

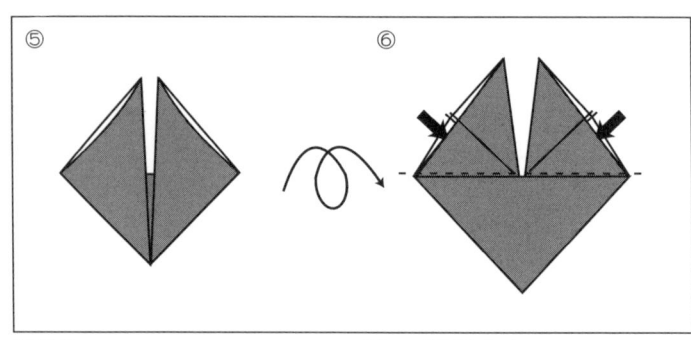

⑤ 裏返す。

⑥ 開いて折りたたむ。

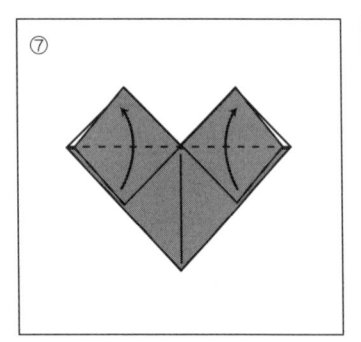

⑦ 三角の部分を折り上げる。

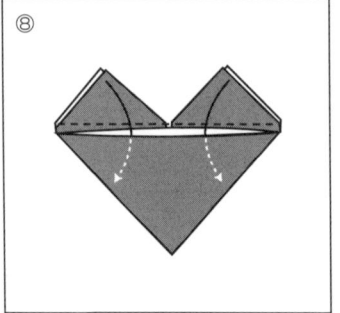

⑧ 今、折り上げた三角の部分を再び下に折って差し込む。

⑨ 角の部分を少し折る。

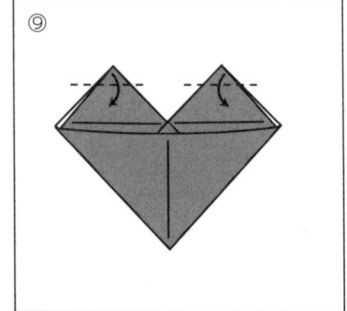

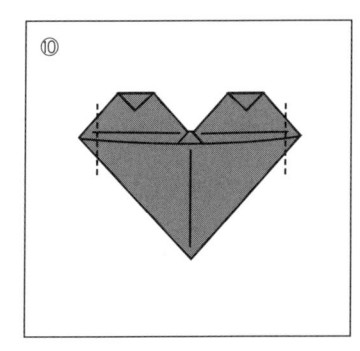

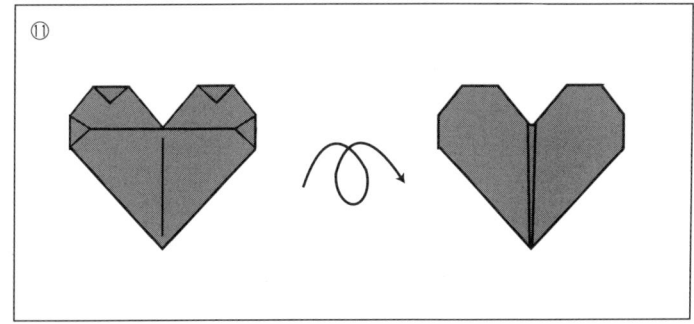

⑩ 左右の角を少し折る。

⑪ 表に返して、できあがり。

> ＊折るときの言葉かけと配慮点＊
> 　⑥の開くところは、開きやすくするために、一度三角の部分を下に折り下げ、折り目をつけてから開くとよいでしょう。
> 　折り目をつけた後、「お母さん指が白いところをまっすぐ進むよ」「あっ、行き止まり!!」「行き止まりになったら、そっと左手で押さえるよ」「白いところ（裏）が見えないようにピッタリね」など、開いて折りたたむところでは、ていねいに言葉かけをしましょう。

この折り紙からこんな活動へ広げよう!!　　魔法使いごっこ

　広告の紙を細く丸めて棒状（本書p.188参照）にして、その先にこのハートをセロテープでつけると魔法のステッキにはやがわり。50cmくらいのリボンもつけてみましょう。
　ステッキで円を描きながら、「Aちゃん、Aちゃん、うさぎになーれ！」「Aちゃん、Aちゃん、赤ちゃんになーれ！」「Aちゃん、Aちゃん、ねむたくなーれ！」「Aちゃん、Aちゃん、もとにもーどれ！」など、と呪文をかけて変身ごっこを楽しみましょう。みなさんも子どもたちの呪文にかかっていろいろなものを表現してみましょう。

活動を広げるために
　音楽に合わせて、ステッキを新体操のリボン演技のように振っておどるのも楽しいものです。いすを並べて客席をつくり、お客さんを呼んで、おどりを見てもらっても楽しいでしょう。「ビビデバビデブー」、「小さな世界」「となりのトトロ」などの並足テンポの明るい曲をいくつか用意しておくとよいでしょう。

【ひこうき】

長方形の紙（縦：横＝２：３くらい）でつくります。広告の紙でつくってみましょう。

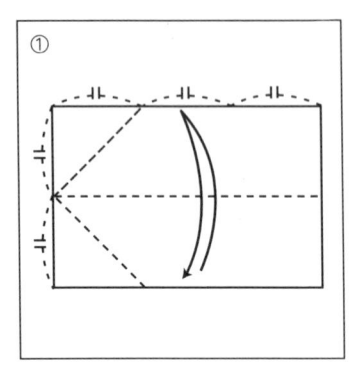

① 半分に折って、中心に折り線をつけた後、三角の部分を折る。

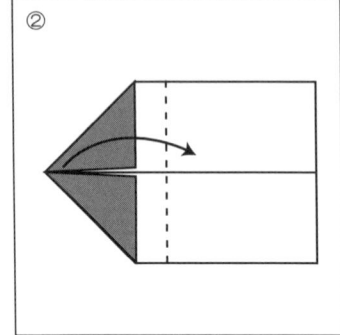

② 図のように三角の部分を中心に向かって折る。

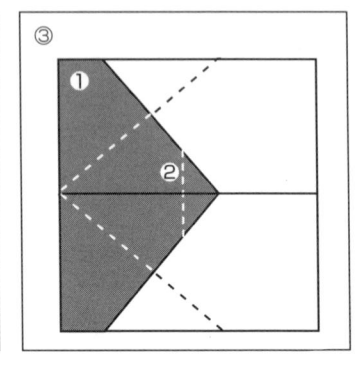

③ 「①」、「②」の順に折る。

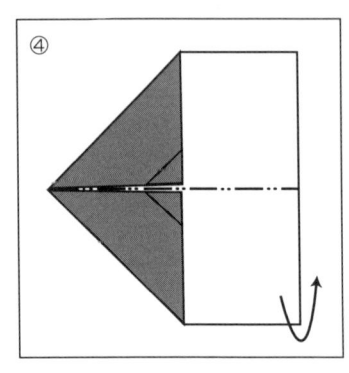

④ うしろに折る。

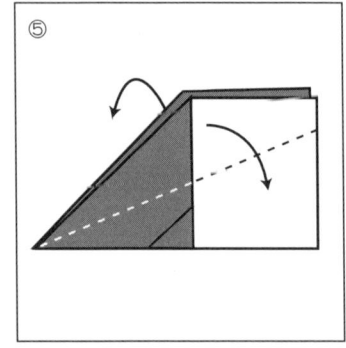

⑤ 羽の部分を折る。

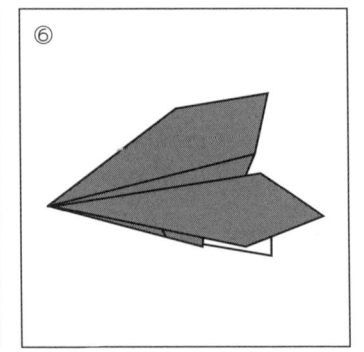

⑥ できあがり。

【いかひこうき】

長方形の紙でつくります。広告の紙でつくってみましょう。

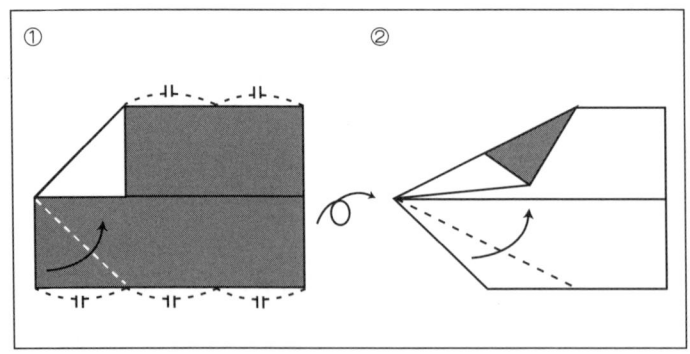

① 半分に折って、中心に折り線をつけた後、三角の部分を折る。

② 裏返して、折り線のようにななめに折る。

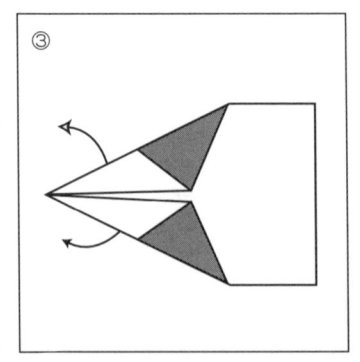

③ うしろを広げる。

④ 頭の四角を半分に折る。

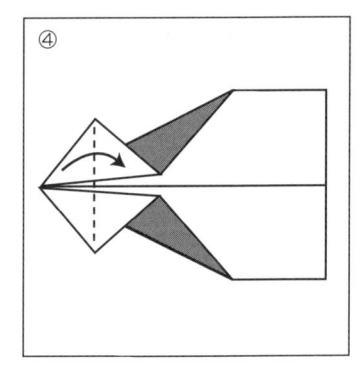

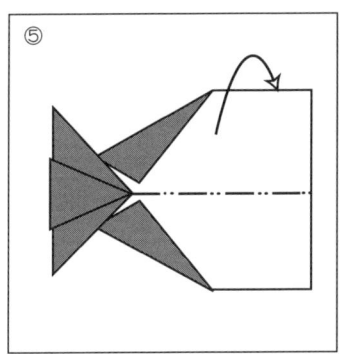

⑤ 半分からうしろに折る。

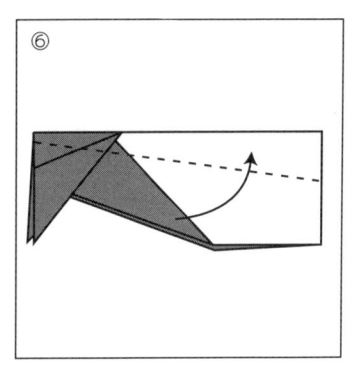

⑥ 羽の部分を折り線のように折る。

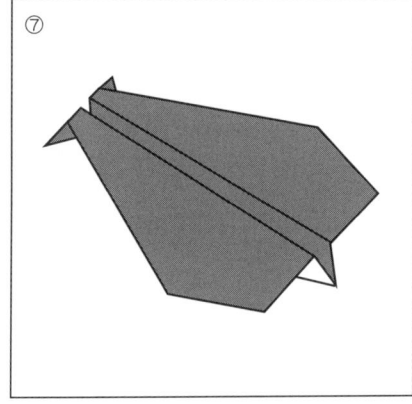

⑦ できあがり。

＊折るときの言葉かけと配慮点＊

ひこうきの④から⑤に移るときと、いかひこうきの⑤から⑥に移るとき、共に山折り線となっています。山折り線のときは、「裏返しにするよ。よく見ていてね」と一声かけてから、裏返しにしましょう。

とくに広告の紙は、両面印刷物ものが多いので、見本用は、裏の白い紙を選ぶようにしましょう。

この折り紙からこんな活動へ広げよう!!　　ひこうきくらべ

ひこうきをつくり終わったら、みんなで飛ばしてみましょう。だれのが一番遠くまで飛ぶかな？ だれのが一番長く飛んでいるかな？ どの形の飛行機がよく飛ぶのかな？ 硬い広告の紙のほうがいいのかな？ それとも柔らかい広告の紙のほうがいいのかな？ など、子どもたちと試しながら、楽しみましょう。

活動を広げるために

飛ばすだけではなく、パイロットごっことして遊んでもよいでしょう。「パイロットさん、北海道までお願いします」「パイロットさん、このひこうきは、どこ行きですか？」など、子どもと会話を楽しみながら、ごっこ遊びへと展開していっても楽しいでしょう。

むずかしい 折り紙を使った活動

実 践 例
5歳くらいから

【 しゅりけん 】

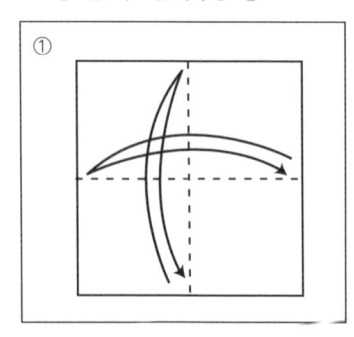

① 色違いの折り紙を2枚用意する。

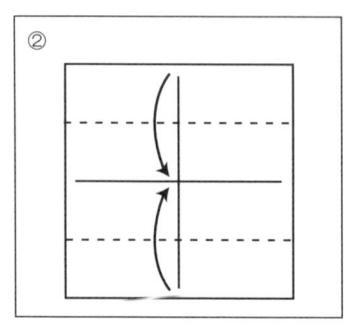

② 折り線に合わせて折る。

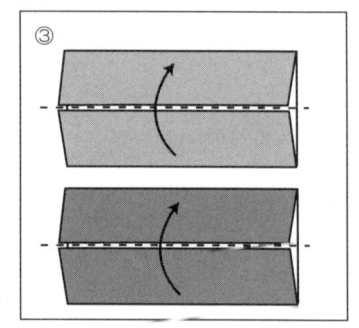

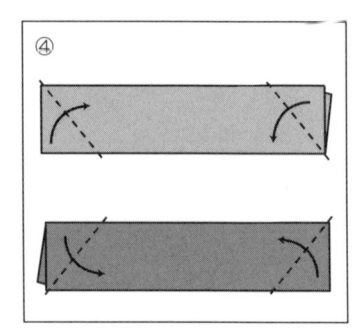

③ 半分に折る。

④ 角を三角に折る。2枚目は反対に折り、2つが重ならないようにする。

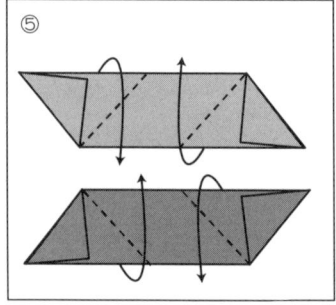

⑤ 図のように、ねじるように折る。

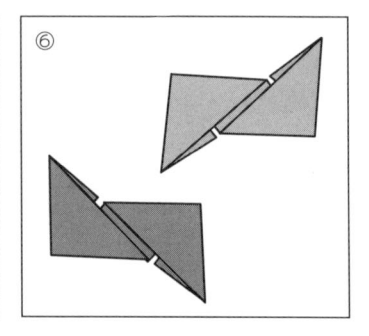

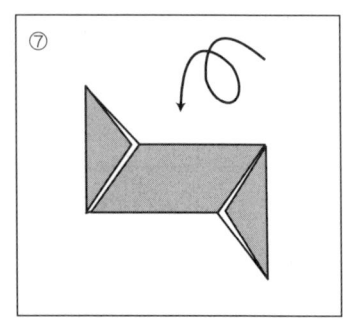

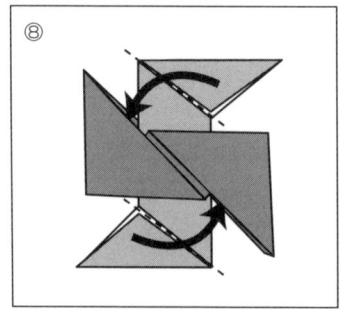

⑥

⑦ 1枚を裏返す。

⑧ 2つを十字に合わせ、三角の部分を中に差し込む。

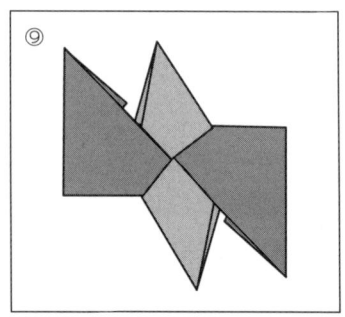

⑨

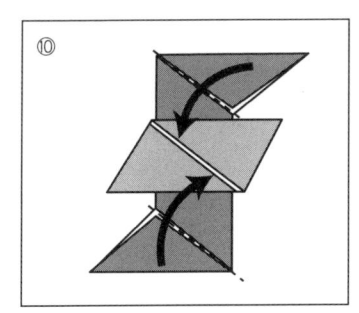

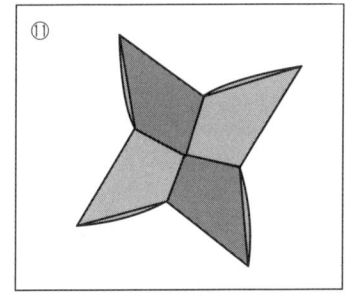

⑩ 裏返し、同じように三角の部分を差し込む。

⑪ できあがり。

＊折るときの言葉かけと配慮点＊

④のところで2つとも同じ向きに折ってしまうと、組み合わせることができません。⑤のところで2つをあわせて、「横にとぶロケットのようになるのがいいんだよ」と声をかけてあげましょう。

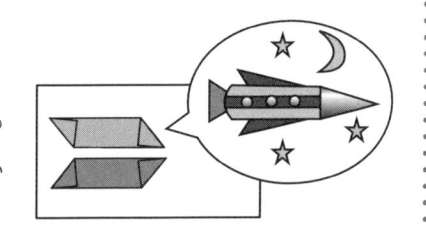

また、⑤から⑥にかけてのひねりも子どもには理解しにくいようなので、「ひねると三角が2つできるよ」と予測のつく言葉をかけてあげましょう。

この折り紙からこんな活動へ広げよう!!

忍者ごっこ

的をつくって、それに向けてしゅりけんを投げて遊びましょう。その際に人に向かって投げないことを約束事として決めましょう。また、忍者になって「ぬきあし、さしあし、しのびあし」と壁づたいにそーっと歩いてみたり、細長い紙を巻いて輪ゴムで止めて秘密の巻物としたり、広告の紙で刀や剣をつくって背中に入れたり腰につけたり、画用紙に宝物の隠し場所の地図を描いたり……、しゅりけん以外にも小物をつくって楽しみましょう。

活動を広げるために

子どもたちと忍者について話し合ってみましょう。どんな格好をしているのか、どんなことをする人なのか、どこに住んでいるのかなど話し合って、忍者についてのイメージを膨らませてあげるのもよいでしょう。

【 さ か な 】

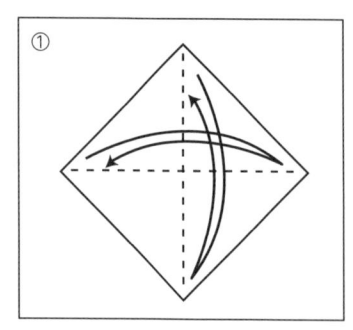

① 三角に折って折り目をつける。

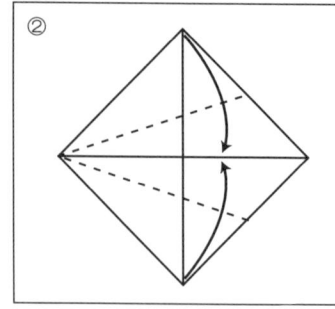

② 真ん中の線に合わせて折る。

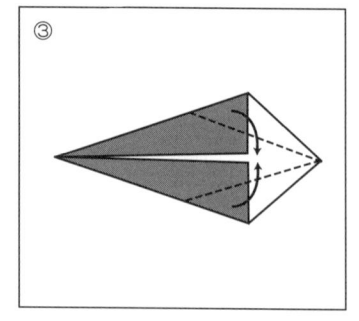

③ 反対側も真ん中の線に合わせて折る。

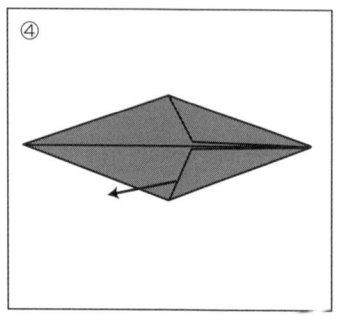

④ 下になっている部分を、少しひっぱり、開く。

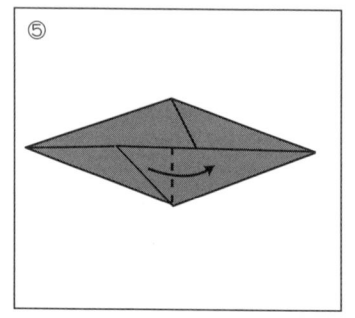

⑤ 三角の部分を右に折りたたむ。

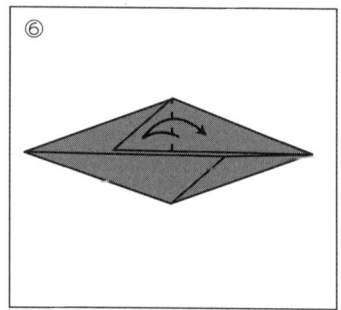

⑥ 上部も下部同様に折る。

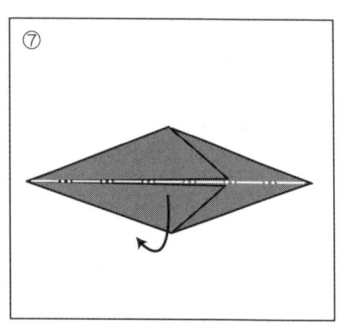

⑦ 向こう側に、半分に折る。

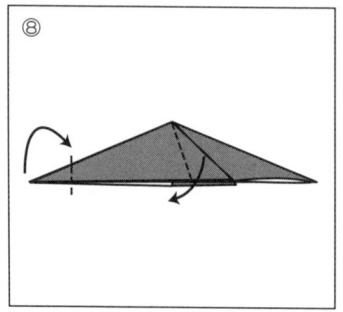

⑧ 図のように頭の部分を中割折りし、ひれの三角を折り下げる。

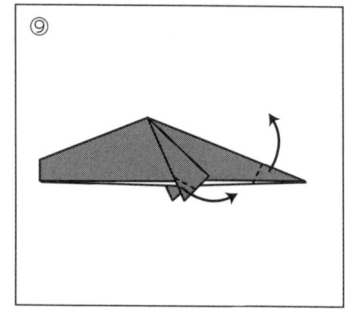

⑨ ひれと尾の部分を折り上げる。

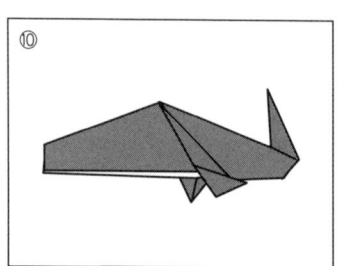

⑩ できあがり。

＊折るときの言葉かけと配慮点＊

④から⑤にかけてが少しむずかしいところです。「隠れている紙をそーっと少しひっぱってみてね」「三角が出てくるよ」「そーっとだよ」など、ゆっくりとていねいにするような言葉かけをしましょう。

⑧のところは、頭の部分を中に折り曲げるのですが、わかりにくかったら、一度⑦のように開くことを伝えるとよいでしょう。

この折り紙から こんな活動へ広げよう!!

さかなつり

色違いでたくさんつくってさかなつりをしましょう。

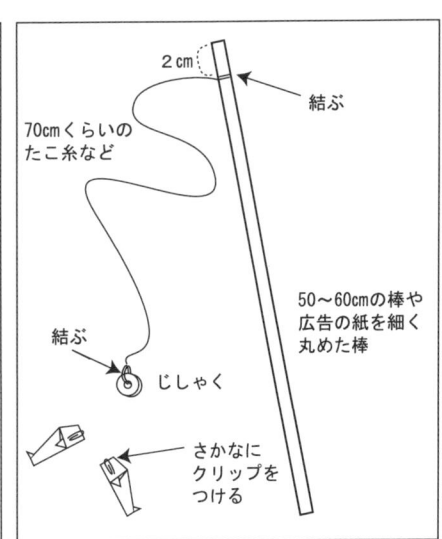

- 2 cm
- 結ぶ
- 70cmくらいのたこ糸など
- 結ぶ
- じしゃく
- 50〜60cmの棒や広告の紙を細く丸めた棒
- さかなにクリップをつける

活動を広げるために

さかなのほかにもいかなど折ってみましょう。また、折り紙だけではなく、海の中に住んでいる生物を子どもと話し合って、15cmくらいの紙に描いて切り取りクリップをつけて同じようにして遊びましょう。

また、さかなつりができるお店屋さんとして、おさいふを持っている小さいお友達を招いて異年齢児との交流を楽しむのもよいでしょう。

子どもたちに人気のある おりがみ

＊ パクパク ＊

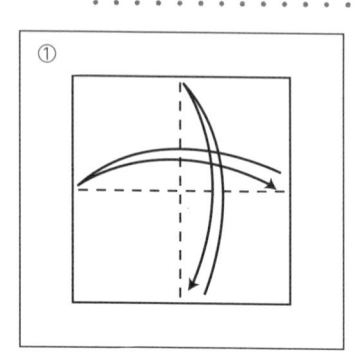

① 十字に折り目をつける。

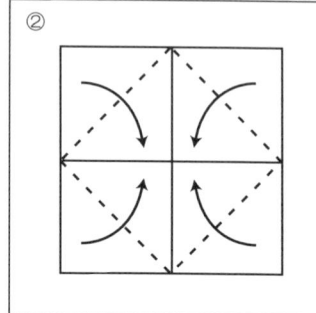

② 4つの角を真ん中に折り合わせる。

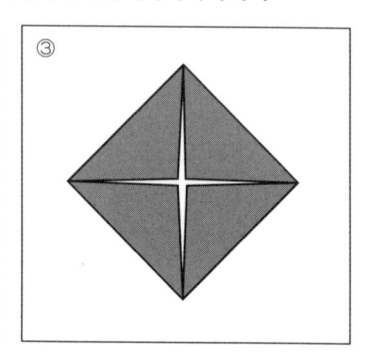

③ 裏に返す。

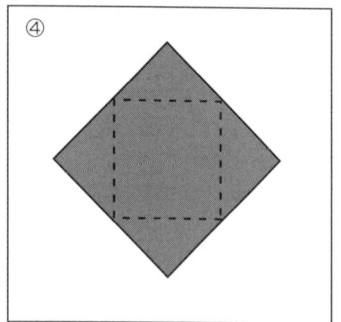

④ もう一度、4つの角を真ん中に折り合わせる。

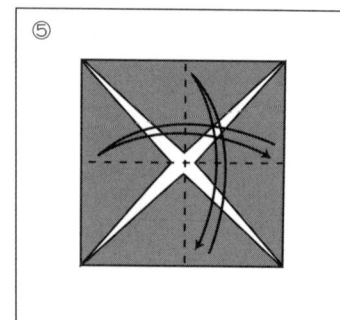

⑤ 十字に折り目をつける。

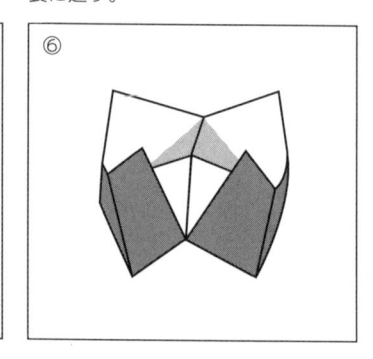

⑥ 裏に返して広げる。

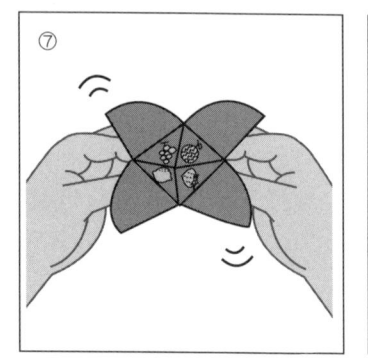

⑦ 裏返し、左右の親指と人差し指を入れて、できあがり。
それぞれに、絵を入れるとさらに楽しめます。

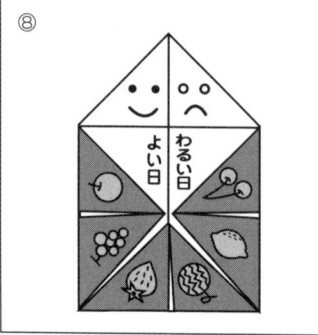

⑧ また、絵の裏に、「今日はいい日（笑い顔）」「今日はわるい日（泣き顔）」などを書き、占い遊びも楽しめます。

この折り紙の魅力！

子どもでも指を入れてかんたんに動かせるのが楽しいようです。パクパク動かすたびに見える絵が異なるので、「何回、パクパクする？」「3回」「5回」「10回」と言って言われた分だけ動かし遊びます。

＊　だましぶね　＊

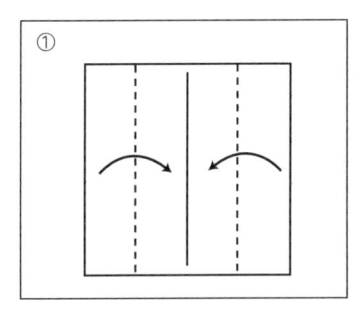

① 中心線をつけ、中心に向けて折る。

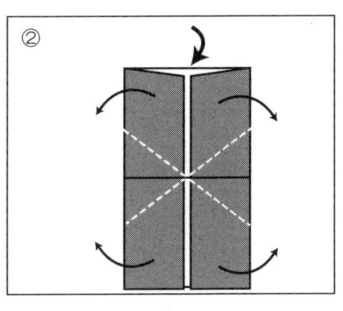

② 半分に折って中心線をつけ、その後軽く折り目をつけ、矢印の方向へ開く。

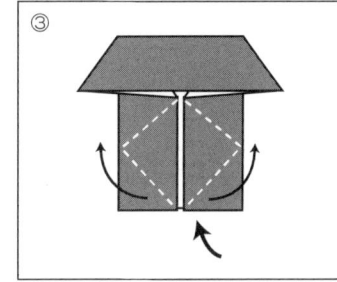

③ 下部も上部と同様に開く。

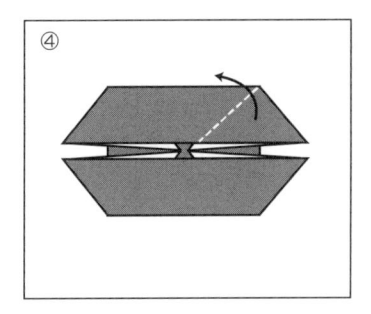

④ 三角の部分を折り上げる。

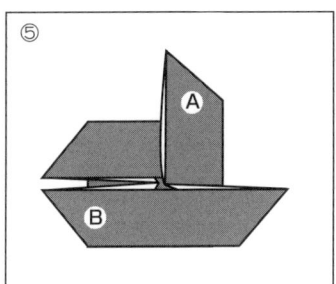

⑤

⑥ Aをななめ左うしろに倒して、Bの裏側と合わせる。

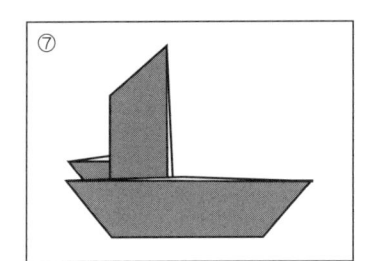

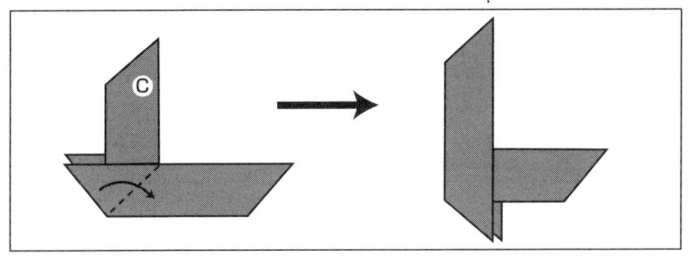

⑦ できあがり。

【遊び方】Cの帆の部分を、目をつぶって持っていてもらう。その間に図のように三角の部分を折り下げる。向こう側も同じく折り下げる。「あれ‼　帆を持っていたはずなのに……」という具合に……。

この折り紙の魅力！

子どもにできる手品として楽しめます。友達に目をつぶらせ、「しっかりここの帆を持っていてね。1、2、3」「あれ、どこ持っているの？」という子どもも、だまされた子どももニコニコ笑ってしまいます。

こんなとき、どうする!? －よく起こるトラブルへの対処－

Q. 半分にきっちりと折れない。

A. 焦らなくても大丈夫なことを伝え、線と線がぴったり重なるよう指導しましょう。場合によっては、保育者が端を押さえるなどして手助けをしましょう。

Q. 折り目がしっかりとつかないのだけれど……。

A. なかには、"折り目"がわからず、違うところを一生懸命こすっている子がいるので、折り目の上を爪の甲や、指先でしっかりこすり、折り目をつけることを伝えましょう。その際に、「さあ、指でアイロンかけようね」とわかりやすい言葉で説明するのもよいでしょう。

Q. 途中で紙をくしゃくしゃに丸めてしまった子がいるのだけれど……。

A. 集中力がなくなったり、うまく折れなくていやになったのでしょう。その気持ちを汲みながら、「先生もお手伝いするから、もう一度やってみよう」と誘ってみましょう。また、丸めてしまった紙については、「まだ、使えるかもしれないから先生預かっておくね」と言って捨てないで引き取りましょう。丸めた紙の中にうまくいかなかった子どもの思いが詰まっていますので、その場で捨てることは避けたいものです。

Q. せっかく折った物を「あげる!!」と言う子。

A. つくり終わって満足したのでしょう。「ありがとう」と言って預かり、台紙に貼って作品として後で返してあげるとよいでしょう。

その他、知っておきたいこと!!

包装紙を正方形にカットして、折り紙として使ってみましょう

クリスマスシーズンや子ども用品を買ったときの包装紙は色のついた包装紙が多いようです。色のついたきれいな包装紙をふだんから集めておき、正方形にカットして折り紙として活用してみましょう。既成の色だけではなく、子どものイメージに合った色合いの物が出てくる場合があります。

正方形のつくり方を子どもに伝え、自分でも折り紙をつくれることを教えて上げましょう

既製品だけが折り紙と思っている子どもたちに、身近な紙でも折り紙がつくれること

を伝えると、自分の家にある包装紙で折り紙をつくり、遊ぶ子どもも出てきます。

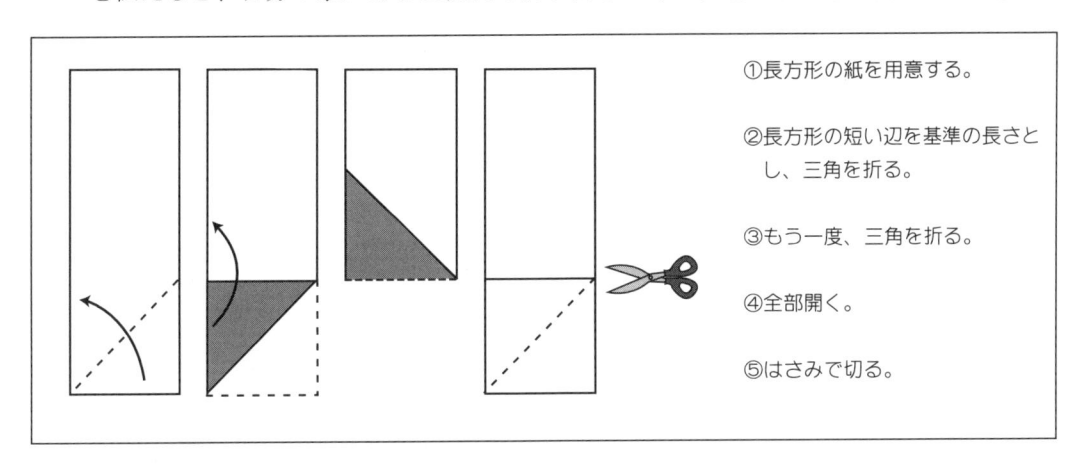

①長方形の紙を用意する。

②長方形の短い辺を基準の長さとし、三角を折る。

③もう一度、三角を折る。

④全部開く。

⑤はさみで切る。

さらに、学びたい人へ!!

『おって遊べるわんぱくおり紙』 いわおしゅうぞう編／日本エディターズ／2000
　できあがりは写真で、折り方は図で示されています。

『ママと遊ぼうこどものおりがみ』 辻昭雄／ブティック社／1998
　できあがりも折り方も全部写真で示されています。

『おりがみあそび130』 待井和江監修／岡村康裕／チャイルド社／2001
　できあがりは写真で折り方は図で示されています。目安としての年齢が記載されています。

『作ろう！　あそぼう!!　おりがみ169てん』 編集・総括　志村悟／ブティック社／2001
　できあがりも折り方も写真で示されています。また、つくった折り紙を使っての遊びの様子が写真で掲載されています。

『ぴょこたんとあそぼう！　いちばんやさしいおりがみ』 成美堂出版編集部編／成美堂出版／1999
　カラーのイラストで、すべてやさしい折り紙です。保育室に置いて子どもたち用としても活用できます。

『かならず折れる　おりがみ』 小林一夫監修／ひかりのくに／1996
　かわいいイラストの入った本です。子ども用の図書としても向いています。

『おりがみ大全集』 成美堂出版編集部編／成美堂出版／2000
　153種の折り紙がのっています。小学生から大人向きですが、実習生や保育者が持っていると活用できます。

ちょっと 豆知識 ①

お面のベルト……真ん中にハートをつければ、「ハートのお姫様」に変身‼
（保育者が事前につくりおきしておきましょう）

準備……広告の紙、輪ゴム2本、ホチキス、セロテープ

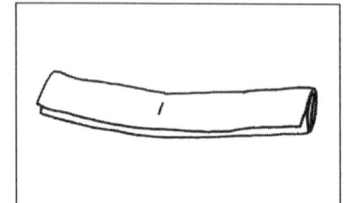

① 広告の紙を4つに折る。

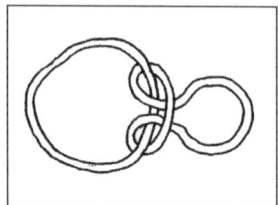

② 輪ゴムを2つつなげる。

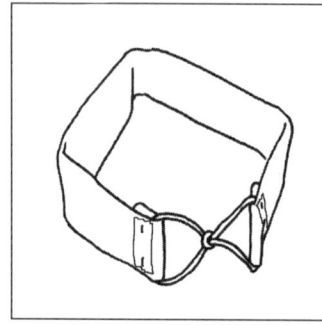

③ ホチキスで輪ゴムを広告のベルトの端につける。そのときに、髪の毛がからまないように、ホチキスの針の上にセロテープを貼る。

ちょっと 豆知識 ②

広告の紙でつくった棒……釣り竿になったり、魔法使いのステッキになったり……。

準備……広告の紙、セロテープ

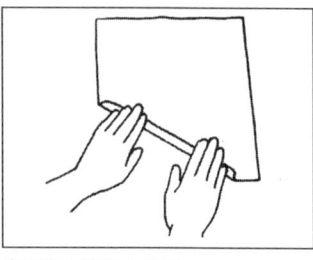

① 広告の紙を丸める。

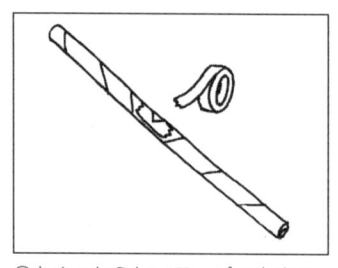

② 丸まったらセロテープで止める。

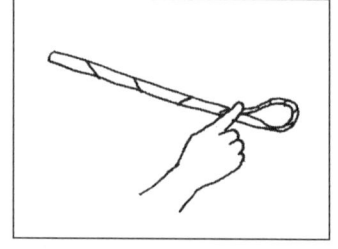

③ 持ち手の部分を折り曲げてつくりセロテープで止める。

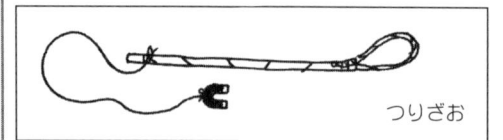

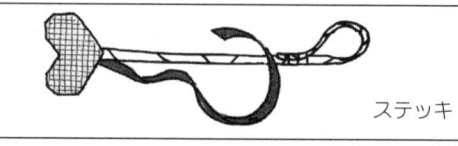

つりざお

ステッキ

実習における児童文化財の活用と展開

1. 保育の基本と指導計画

　保育を行うときに、また、指導計画を立てるときに大切にしなければいけないことは何でしょうか？　すでに、みなさんはさまざまな授業のなかでそうしたことを学んできたことと思われますが、ここで少しだけ確認してみましょう。乳幼児期の教育は環境を通して行うということが基本です。そして、「幼児期にふさわしい生活」「遊びを通しての総合的保育」「一人一人に即した援助」という3つの観点を重視した保育が行われることが望まれます。保育とは、保育者が子どもに何かをさせることではなく、子どもたちが興味や関心をもったことを自ら取り組んで行えるように援助することです。保育者は子どもの遊びを中心におき、それがどのように発展していくかといったことを予想しながら、それにふさわしい援助や環境構成を考えます。指導計画とは、そうした援助や環境構成を具体的に示したものです。

2. 実習生と指導計画

　しかし、実習生が部分実習や責任実習（一日実習）を行うときには、こうした子どもの遊びを中心とした活動を発展させていく指導計画を考えることは容易ではありません。なぜならば、子どもの遊びを発展させるための援助や環境構成を行うためには、今の子どもの状態（発達段階、子ども同士の関係、興味・関心など）を十分に理解することが前提になります。ところが、実習期間というのはそのように子どもを理解するためには、短かすぎるのです。実習期間で保育の流れと子どもの名前を覚えるのだけで精一杯という人もいることでしょう。また、実習園によっては、実習生はさまざまな年齢の子どもたちやさまざまな保育者の保育を見たほうがよいという考えをもっており、2、3日おきに実習生が入るクラスを変える実習園もあります。そのような場合には、子どもの顔と名前さえも覚えられない状態であり、子どもの遊びを発展させる指導計画案を立てることなどは、かなり無理であると言わざるを得ません。

もちろん、実習園のなかには実習生であっても子どもの遊びを発展させていくための指導計画を立てることを期待され、その指導が行われる場合もありますが、一般的には実習生が部分実習や責任実習（一日実習）を行う段階では、子どもに何らかの活動を提案していく保育を行うことが多く、また、それにふさわしい指導計画案を立てることが多いのです。

　また、保育者が活動を提案していく保育というものが、イコール、子どもに何かをさせる保育であるとも言い切れません。保育という営みのなかには、保育者が子どもに「こうなってほしい」という願いをもつことは大切であり、また、当然あるわけです。そのためには、保育者がその願いを達成するために活動や遊びを提案していくことがたくさんあります。そうした活動を子どもが受け入れるか否かはありますが、子どもが受け入れたとすれば、そこで展開する保育は子どもが主体である保育になります。これは、保育者の指示で子どもが一方的に何かをさせられる保育とはまったく異なります。そうした保育を行うためには、保育者または実習生自身が自分の提案した活動について十分に評価・反省を重ねていくことが大切であることは言うまでもありません。

3. 児童文化財を実習で活用する

　実習生が子どもに活動を提案していく実習を計画するときには、児童文化財が頻繁に使われます。その活用の仕方は、主活動の導入であったり、まとめであったり、あるいは、主活動そのものであったりというように、まさに多岐にわたっています。

　本書のそれぞれの児童文化財についての解説では、そうした活用の仕方について若干ふれられているところもありますが、具体例の紹介のところでは、その児童文化財の展開の仕方の解説にポイントが絞られています。そのため、ここでは児童文化財が保育の流れのなかでどのように展開することができるのかといった例を、実際に先輩の実習生が考えた例を参考にしながら紹介します。

　展開例１は、手遊びから歌へと活動を発展させました。歌をうたうというときに、ピアノを弾かなければならないという思い込みをしている人もありますが、ピアノなしでも歌は十分に楽しめます。展開例１でも「ことりのうた」から「赤いとりことり」の歌につなげたり、「のどがかわいたことりは池を見つけ、池にはカエルたちがいました」と話し、「カエルのうた」へと展開することもできます。展開例２では、実習生が演じたペープサートを子どもたちがつくれるように展開しています。「自分たちでやりたい」という気持ちをもつことは大切なので、子どもたち自身が児童文化財をつくりあげる体験をすることは必要です。展開例３では、「狼さん今何時？」の鬼遊びで体を動かしたあと、静かにお話を聞く展開になっています。子どもの一日は、動的な活動と静的な活動がバランスよく取り込まれていることが大切です。それぞれの展開例のあとには、指導計画案ものせましたので参考にしてください。

児童文化財の活用と展開例1

―手遊びから歌をうたうことを楽しむ―

　実習生のSさんは、4歳児クラスで部分実習を行うことになりました。実習の時期は6月です。Sさんは、手遊びから歌遊びへとつなげる部分実習を考えました。この活動を通して、子どもたちが、みんなでいっしょに活動を行うことを楽しんだということを経験してもらいたいと考えました。

【活動のねらい】
　手遊び、歌を友達や実習生といっしょに楽しむ。

【Sさんの考えた保育の流れ】
　はじめに、手遊び「いっぽんばし」（本書p.84参照）を行います。子どもたちといっしょに2回ほど繰り返します。この手遊びは、最後に手の形と言葉が「ことり」になるので、そこから「ことりのうた」（作詞／与田準一、作曲／芥川也寸志）をうたい楽しむという活動に流れていくことを考えました。はじめは、自分一人で行い、次に子どもたちにもいっしょにうたえるように声をかけ、いっしょに楽しむことを考えました。

【前日までの準備】
　手遊び、歌を覚える。

【当日の準備】
　「ことりのうた」は伴奏をしないので楽譜は要らないが、あがってしまって歌詞を忘れてしまうこともあるので、歌詞だけは手遊びとともに小さな紙に書いてポケットに入れておく。

【気をつけるところ】
　早口にならないように、言葉は明確に発音する。また、手遊びは手の動きがはっきりとわかるようにゆっくり行う。「ことりのうた」をうたうときは、リズムに合わせて手の動きに変化をもたせるようにする。

【具体的な言葉かけ】
　「今日は、手を使っていろいろなものがつくれる手遊びをします」と言ってから手遊びを行う。子どもたちを誘うときは、「先生のまねっこをしてね」と声をかける。「5本ばし5本ばしことりになっちゃった」の歌のあとに、「ぴぴぴぴ……」と言いながら、ことりが飛びまわっているような動きをする。そのあとで「こんなことりさんの歌があるよ。きいててね」と言い、「ことりのうた」をうたうようにする。

【Sさんの指導計画案】

＜展開例1＞　　　　　部分実習の指導計画案

　　　　　　　　　　　　　　　　　　　　　実習生氏名　　S．A．
　　　　　　　　　　　　　　　　　　　　　6月10日　　（4歳児20名）

ね ら い：手遊び、歌を友達や実習生といっしょに楽しむ。
主な活動：手遊び「いっぽんばし」を行う。
展　　開：歌「ことりのうた」をうたう。

時間	環境構成	予想される子どもの活動	保育者の援助
11:00		自由遊びの片づけをすませ保育室に戻ってくる。 トイレ、手洗いをすませる。	子どもたちといっしょに遊具の片づけを行う。 子どもたちにトイレや手洗いに行くように言葉かけをする。
11:15	子どものいすを扇型に並べる。 （ドア　廊下　ドア／実習生の立つ位置／ピアノ／園庭）	いすを扇型に並べて、座る。 指の体操を行う。 はじめは右手で一本ずつ指を出していき、次に左手、さらに両手で行う。 手遊び「いっぽんばし」を行う。 歌「ことりのうた」を、動作をつけながらうたう。	子どもたちがだいたいいすに座ったら、前に立つ。用意がまだできていない子どもには友達が待っていることを伝える。 子どもといっしょに行う。 早口にならないようにする。簡単にできてしまうようであれば速く行い、最後に普通のスピードで行う。 手遊びのあと、ことりの動きや鳴き声をまねる。「ことりのうた」は、はじめは実習生だけでうたい、次にいっしょにうたうように誘う。 うたえない子には「ピピピピピ　チチチチチ　ピチクリピ」のところだけでもいっしょにうたってもらえるよう声をかける。

児童文化財の活用と展開例2

―ペープサート「にんじんとごぼうとだいこん」からペープサートづくりへ―

　実習生のMさんは、5歳児クラスで部分実習を行うことになりました。実習の時期は10月です。「にんじんとごぼうとだいこん」（本書p.113参照）のペープサートを子どもたちのまえで演じたあと、子どもたち自身もペープサートをつくり、演じる楽しさを体験させたいと考えました。

【活動のねらい】

　ペープサートを楽しみ、自分たちでもつくって楽しむ。

【Mさんの考えた保育の流れ】

　ペープサートを演じ、子どもたちにペープサートのおもしろさを伝えます。次に、子どもたちに自分たちでもペープサートをつくってみようと呼びかけます。できあがったら、子どもたちもペープサートを出したり引っ込めたり動かしたりし、演じてみる楽しさを味わえるようにします。

【前日までの準備】

　ペープサートをつくる（にんじん、ごぼう、だいこん）。おふろは大きめにつくり、大型積み木にはっておく。お話を覚える。子どもたちがペープサートをつくるための材料をそろえる。（画用紙を適当な大きさに切る。わりばし、セロテープも用意する）

【当日の準備】

　ペープサート。お話を書いた小さなメモ。子どもたちが絵を描くときの参考にするために、本物のにんじん、だいこん、ごぼうを用意しておく。画用紙。わりばし。セロテープ。クレヨン。

【気をつけるところ】

　子どもたちがペープサートをつくりたいと思うように、最初に行うペープサートは楽しく演じるように準備する。ペープサートづくりは、まず最初は自分たちがつくりたい野菜1つをつくるようにする。たくさんつくりたい子は、ほかの野菜もつくれるようにする。できたら2つのグループに分け、実習生が援助しながら演じたり、友達の演じる様子を見たりする。

【具体的な言葉かけ】

　「みんなは、にんじんはなぜ赤いのかなあ、ごぼうはなぜ黒いのかなあ、だいこんはなぜ白いのかなあって考えたことはある？　むかしむかし、だれかがいっしょうけんめい考えたんだって、なぜかなあって。今日はそのお話をします」と言ってからペープサートをはじめる。「みんなも、ごぼうやにんじんやだいこんをつくって、いっしょにやってみよう！」と声をかけてから、ペープサートづくりを行う。「大きなだいこんができたね」など、子どもたちのつくったものは、工夫したところを認めてあげるようにする。

【Mさんの指導計画案】

＜展開例２＞　　　　部分実習の指導計画案

実習生氏名　　M.K.
10月27日　　（5歳児21名）

ねらい：ペープサートを楽しみ、自分たちでつくって楽しむ。
主な活動：ペープサート「ごぼうとにんじんとだいこん」を見て楽しむ。
　　　　　ペープサートを製作する。
展　開：子どもたちが、つくったペープサートで演じてみる。

時間	環境構成	予想される子どもの活動	保育者の援助
10:30 10:40	おふろは大型積み木にはって、机の上に置く 画用紙（適当な大きさに切る）70枚 わりばし70本 セロテープを用意する 机を出す（6台） セロテープとわりばしを置く台 2つの机を舞台にし、残りは片づける。子どもといっしょにいすを扇形に並べる。 おふろをはった大型積み木	朝の集会のまま、席に座っている。 「ごぼうとにんじんとだいこん」のペープサートを見る。 ペープサートのつくり方の説明を聞く。 本物のごぼうとにんじんとだいこんを見る。 ①画用紙に、ごぼう、にんじん、だいこんの中から1つを選び、絵を描く。 ②描いた絵を切りとる。 ③切りとった絵にわりばしをセロテープでつける。 机を出し自分たちの好きな所に座る。ハサミとクレヨンを道具箱からとってくるペープサートをつくる。 机、クレヨン、ハサミなどを片づける。 つくったペープサートをもち、扇形にいすに座る。 グループごとにペープサートを演じる。 友達のペープサートを見る。	「みんなは、にんじんはなぜ、赤いのか考えたことある？」などの問いかけをして、ペープサートへの期待をもつようにする。 大きな声ではっきりとペープサートを演じる。 「みんなもペープサートをつくってみよう」と声をかける。 つくり方の手順を話す。 配られた画用紙になるべく大きな絵を描くように話す。セロテープのはり方は、具体的に説明する。 絵を描くときの参考になるように本物のごぼう、にんじん、だいこんを見せる。 色や形の特徴がつかめるようにする。 子どもたちの用意ができたら画用紙を配る。 わりばしとセロテープは前の机の上に出しておく。 つくりたい子どもは、他の野菜もつくるようにする。 大きなゴミは捨てるように言う。 グループを2つに分ける。 （赤組、白組） 実習生といっしょに楽しく演じられるようにする。 ペープサートを見ているときは、いすの下に自分のペープサートをしまうように言う。
11:15 11:25			

児童文化財の活用と展開例3

－鬼遊び「狼さん今何時？」とお話「狼と7匹の子やぎ」－

実習生のRさんは、3歳児のクラスで部分実習を行うことになりました。実習の時期は2月です。「狼さん今何時？」という鬼遊びを子どもたちに提案することにしました。その遊びを十分に楽しんだ後、「狼と7匹の子やぎ」（本書p.25参照）のお話をしたいと考えました。

> **「狼さん、今何時？」の 鬼遊びのルール**
> この鬼遊びは、狼になった鬼に子どもたちが「狼さん今何時？」と聞き、狼は「朝の7時」とか「お昼の12時」などと答えます。「お昼の12時」と狼が答えたときだけ、狼は子どもたちを追いかけることができ、子どもたちは捕まらないように逃げます。

【活動のねらい】

みんなで元気よく鬼遊びを楽しむ。お話「狼と7匹の子やぎ」を楽しんで聞く。

【Rさんの考えた保育の流れ】

はじめにかんたんに鬼遊びのルールを説明し、鬼役の狼にははじめは実習生自身がなります。遊びのおもしろさがわかるように、また、鬼役がわかりやすいように狼のお面を用意し、それを頭にかぶります。はじめは、鬼に捕まらないように逃げるということを楽しむために、実習生が何度も、また何人も子どもたちを捕まえるようにします。鬼になりたいと言う子どもが出てきたら、鬼を交代するルールを提案します。交代のルールはそのときの子どもの様子を見て決めます（最初につかまった子どもが鬼になる。または、ある一定の時間鬼は何人でも子どもたちを捕まえ、時間が過ぎたら、鬼になりたい子をたずね、そこでじゃんけんなどで決める）。十分楽しんだら戻り、お話をして静かな時間を過ごします。

【前日までの準備】

ルールを覚える。狼のお面をつくる。（頭のサイズが違うので大人用と子ども用をそれぞれ用意する。）

お話を覚える。

【当日の準備】

お話を行うときに子どもたちが座るじゅうたん。お話を書いた小さなメモ。

【気をつけるところ】

子どもたちの状態を見ながらルールを決めるようにする。また、狼のお面があると怖がる子どもがいたら、お面ははずして行うようにする。保育室に戻る時間は十分取り、お話の途中でトイレに行く子が出ないように、トイレに行くように促す。

【Rさんの指導計画案】

＜展開例3＞　　　　　部分実習の指導計画案

実習生氏名　R.O.

2月7日　　（3歳児16名）

ねらい：みんなで元気よく鬼遊びを楽しむ。
　　　　お話「狼と7匹の子やぎ」を楽しんで聞く。
主な活動：「狼さん今何時？」の鬼遊びをする。
展　　開：「狼と7匹の子やぎ」のお話を聞く。

時間	環境構成	予想される子どもの活動	保育者の援助
10:30	狼のお面（大人用、子ども用各1個）を用意する。お話を書いたメモをポケットに入れておく。（途中で忘れたときに困らないように）	トイレへ行く。ホールへ移動する。「狼さん今何時？」の鬼遊びのルールを聞く。 鬼遊びを行う。 鬼をやりたい子は鬼になってみる。	ホールへ移動するまえにトイレへ行くように声をかける。ルールは、子どもにわかりやすい言葉で話すようにする。「みんなは狼さんに今、何時か聞いてください」「狼は、お昼の12時になるとおなかがすいてみんなを食べようとおいかけます」担任の保育者に子どもと同じ動きをしてもらうようにする。イメージがわきやすいように、狼のお面をかぶる。怖がる子どもがいないように、あまり大げさな表現はしない。「まだやりたい！」という子どもには、明日もやることを約束する。
10:50	じゅうたんを敷く。	鬼遊びを終了する。 じゅうたんの上に座る。	じゅうたんを出し、子どもたちに座るようにうながす。レースのカーテンをひき、ホールの中を落ち着いた雰囲気にする。
10:55		「狼と7匹の子やぎ」のお話を聞く。	「とんとんとんなんのおと」をうたい、題名をはっきり言い、お話をはじめる。ゆっくりと1人1人の子どもに語りかけるように話す。
11:10			話し終わったあとは、間を十分にとる。

参考文献一覧

保育実習における保育実技の意味と位置づけ

『子どもと文化』 古田足日／久山社／1997

『子どもの生活と文化』 武田京子編著／樹村房／2000

『新保育と児童文化』 森上史朗編／学術図書出版／1995

お　話

『子どもに語りを』 櫻井美紀／椋の木社／1986

『昔話と昔話絵本の世界』 藤本朝巳／日本エディタースクール出版部／2000

『いい家庭にはものがたりが生まれる』 落合美智子／エイデル研究所／1992

『心の世界をひろげる読みきかせ』 子どものしあわせ編集部／草土文化／1994

『ストーリーテーリングと図書館－スペンサー・G・ショウの実践から－』 竹内悊 編訳／日本図書館協会／1995

『ストーリーテラーへの道』 ルース・ソーヤー／日本図書館協会／1987

絵　本

『このほんよんで！　１歳から６歳までの絵本』 調布市立図書館編集・発行／1985

『絵本は愛の体験です』 松居友／洋泉社／2000

『この絵本読んだら』 この本だいすきの会／小松崎進／大西紀子／高文研／2000

『子どもと絵本の学校』 日本子どもの本研究会／ほるぷ出版／1988

『子どもへの絵本の読みかたり　－読み聞かせから読みかたりへ－』 古橋和夫／萌文書林／1999

『読み聞かせわくわくハンドブック　～家庭から学校まで～』 代田知子／一声社／2001

『実習のヒントとアイディア　－導入・展開・まとめ－』 鈴木みゆき／萌文書林／1989

紙芝居

『紙芝居のはじまりはじまり　＜紙芝居の上手な演じ方＞』 右手和子／童心社／1986

『心をつなぐ紙芝居』 阿部明子・上地ちづ子・堀尾青史共編／童心社／1991

てまめあしまめくちまめ文庫（５）『紙芝居－選び方・生かし方』 上地ちづ子・児童図書館研究会　共編／児童図書研究会／1999

『紙芝居の歴史』 上地ちづ子／日本児童文化史叢書／1997

『紙芝居・共感のよろこび』 まついのりこ／童心社／1998

手遊び

『手あそびうた50』第１～５集　二階堂邦子／学事出版／1975～1996

『子供が喜ぶ手遊び歌』 阿部直美／世界文化社／1985

『幼児音楽指導資料集成』 真篠将・飯田秀一共編／全音楽譜出版社／1975

ペープサート

日本民話『にんじんとごぼうとだいこん』 和歌山静子 絵／すずき出版／1991
『こどものうた200』 小林美実編／チャイルド本社／1996
『たのしいこどものうた大全集2021』 永岡書店編集部／2002

パネルシアター

『たのしく遊ぼうパネルシアター』 阿部恵／明治図書出版／1988
『おおきなかぶ』 内田莉莎子 再話／福音館書店／1962

エプロンシアター

『楽しい エプロンシアター』 中谷真弓／アド・グリーン企画社／1994
『エプロンシアター』（別冊幼児と保育） 中谷真弓／小学館／1998

ゲーム

『遊び・ゲームびっくりBOX チャイルドランド』 木村研編／いかだ社／1998
この子にあった保育指導7『おにごっこ ルールあそび －対立をたのしむあそび－』「現代と保育」編集部編／ひとなる書房／1996
『2才児、3才児にもできるゲームあそび』 鈴木美也子編／アド・グリーン保育実技選書／1991
みんなができる音楽リズムあそび 『ゲームあそびヒント100』 黒岩貞子編／アド・グリーン保育実技選書／1991
『子どもの身体活動と心の育ち』 岩崎洋子編／建帛社／1999
『保育内容 健康（第2版）』 近藤充夫編／建帛社／1999
『保育内容 表現（第2版）』 黒川健一・小林美実編著／建帛社／1999

折り紙を使った活動

『おって遊べるわんぱくおり紙』 いわおしゅうぞう編／日本エディターズ／2000
『ママと遊ぼうこどものおりがみ』 辻昭雄／ブティック社／1998
『おりがみあそび130』 待井和江監修・岡村康裕／チャイルド社／2001
『作ろう！ あそぼう!! おりがみ169てん』編集総括志村悟／ブティック社／2001
「月刊 おりがみ No.306」 日本折紙協会／2001. 2
『保育内容 造形表現の指導 第2版』 村内哲二編／建帛社／1999
『子どもに伝えたい 伝承あそび』 小川清実／萌文書林／2001

実習における児童文化財の活用と展開

『幼児期の児童文化』 大西憲明・船越晴美共編／学術図書出版／1983
『新訂 児童文化概論』 原昌編／建帛社／1986
『幼稚園・保育所実習 指導計画の考え方・立て方』 久富陽子他／萌文書林／2009

【編　者】久富陽子
　　　　　日本女子大学児童学科卒業後、4年間幼稚園教諭を勤める。退職後、大妻女子大学大学院家政学研究科児童学専攻にて学ぶ。外国人の子どもの保育など、保育における子どもと文化との関係や保育者の協働について研究中。現在、大妻女子大学教授。著書『改訂 保育内容総論』『保育方法の実践的理解』共に萌文書林（共著）、『保育方法・指導法の研究』ミネルヴァ書房（共著）他

【著　者】（執筆順）

久富　陽子	（前出）
天野　恵子	こどものくに幼稚園教諭、「おんがくのへや」共催
中島由起子	元角笛幼稚園教諭
但木　英美	元大和郷幼稚園教諭
来間　聖子	元東京YWCAまきば幼稚舎園長

（執筆分担箇所は、「もくじ」内に表記）

〈写真提供〉東京YWCAまきば幼稚舎
〈本文イラスト〉山岸　史
〈折り紙折り方図〉牧内　和恵
〈装丁〉レフ・デザイン工房

実習に行くまえに知っておきたい
保 育 実 技
—児童文化財の魅力とその活用・展開—

2002年5月25日　初版発行
2003年6月6日　第2版発行
2024年4月1日　第2版20刷

編　者©　久富　陽子
発行者　服部　直人
発行所　㈱萌文書林

〒113-0021　東京都文京区本駒込6-15-11
TEL (03) 3943-0576　FAX (03) 3943-0567

印刷／製本　シナノ印刷㈱

〈検印省略〉

ISBN 978-4-89347-076-8 C 3037　　　日本音楽著作権協会(出)許諾　第0204995-320号　承認